O QUE É PÁSCOA CRISTÃ

MÃE E CABEÇA DE TODAS AS FESTAS CRISTÃS

COMPREENDER NOSSA FÉ

O que é Advento e Natal
O que é Semana Santa
O que é Tempo Comum

PE. JOSÉ BORTOLINI

O QUE É PÁSCOA CRISTÃ

MÃE E CABEÇA DE TODAS AS FESTAS CRISTÃS

EDITORA
SANTUÁRIO

DIREÇÃO EDITORIAL:
Pe. Fábio Evaristo R. Silva, C.Ss.R.

COORDENAÇÃO EDITORIAL:
Ana Lúcia de Castro Leite

CONSELHO EDITORIAL:
Pe. Ferdinando Mancilio, C.Ss.R.
Pe. Marlos Aurélio, C.Ss.R.
Pe. Mauro Vilela, C.Ss.R.
Pe. Victor Hugo Lapenta, C.Ss.R.

REVISÃO:
Denis Faria
Luana Galvão

DIAGRAMAÇÃO E CAPA:
Junior dos Santos

Dados Internacionais de Catalogação na Publicação (CIP)
(Câmara Brasileira do Livro, SP, Brasil)

Bortolini, José
 O que é Páscoa cristã: mãe e cabeça de todas as festas cristãs / José Bortolini. – Aparecida, SP: Editora Santuário, 2017.

 ISBN 978-85-369-0515-0

 1. Cristianismo 2. Festas religiosas – Igreja Católica 3. Jesus Cristo – Ressurreição 4. Páscoa – Celebração I. Título.

17-07267 CDD-262.93

Índices para catálogo sistemático:
1. Páscoa: Cristianismo 262.93

1ª impressão

Todos os direitos reservados à **EDITORA SANTUÁRIO** — 2017

Rua Padre Claro Monteiro, 342 — 12570-000 — Aparecida-SP
Tel.: 12 3104-2000 — Televendas: 0800 16 00 04
www.editorasantuario.com.br
vendas@editorasantuario.com.br

Sumário

Introdução
Por que este subtítulo? 9

**I. Primeiros passos para entender
o que é páscoa cristã** 13
1. Origem da palavra "Páscoa" 13
2. Páscoa cristã 14
3. Mãe de todas as festas cristãs 15
4. Cabeça de todas as festas cristãs 17

II. A Páscoa judaica, berço da Páscoa cristã 21
1. Um pouco de história 21
2. O Evangelho de João
   e as três festas da Páscoa judaica 24
3. Jesus celebrou a Páscoa judaica com os discípulos 33
4. O ritual da Páscoa judaica 35
5. As substituições feitas por Jesus:
   "ausência" do cordeiro pascal tradicional 37
6. Memória ou memorial? 39

III. A Páscoa cristã 41
1. "Cristo, nossa Páscoa, foi imolado.
Celebremos a festa" 41
2. A ressurreição de Cristo: núcleo central da fé cristã 44
3. Cristo, primícias dos que adormeceram
(1 Coríntios 15,20) 46
4. Cristo, primogênito dos mortos (Apocalipse 1,5) 49
5. O batismo: associação à morte
e ressurreição de Cristo 51
6. A Eucaristia: memorial da paixão,
morte e ressurreição de Cristo 56
7. Por que o domingo é dia santo? 58

**IV. Os textos bíblicos do domingo
   da ressurreição do Senhor** 63
1ª Leitura (Atos dos Apóstolos 10,34a.37-43) 63
Salmo responsorial –
Salmo 117 (118),1-2.16ab-17.22-23) 66
2ª Leitura (Colossenses 3,1-4) 68
Evangelho (João 20,1-9) 71

V. Peculiaridades na missa do domingo da Páscoa 75
1. Sequência 75
2. Prefácio da Páscoa, I 77
3. Oração eucarística I 77
4. Repetição do "Aleluia" na despedida 78

VI. A oitava da Páscoa 81

VII. Ascensão e Pentecostes: coroa da Páscoa cristã 87
1. Ciclo pascal 87
2. Seguindo Lucas 89
3. A Ascensão em João 90
4. Lucas e Pentecostes 91
5. Confirmação da Liturgia 93

VIII. A Páscoa como rito de passagem 95

IX. Tirando do baú coisas importantes 99

X. Adoçando a vida e festejando 105

XI. O Evangelho de João e a Eucaristia 111

Conclusão 117

Introdução
POR QUE ESTE SUBTÍTULO?

Escolher o título de um livro é algo muito importante. É como escolher o nome do filho que vai nascer. Por quê? Simplesmente porque – não sei se felizmente ou não – há pessoas que adquirem determinado livro por razões que podemos classificar assim: 1. Compra-se o livro, por causa do autor. Se o autor é fulano, o livro deve ser bom. 2. Compra-se o livro, porque alguém nos convenceu de que é bom. 3. Adquire-se o livro pelo título. Gostou do título, então compra-se. 4. Adquire-se o livro por causa da capa atraente. 5. Adquire-se o livro, porque a pessoa é compradora compulsiva. E deve haver outros motivos. O certo é que não é este o lugar de emitir um juízo acerca dessas e outras motivações. Uma coisa, porém, é certa: a importância do título. Ele é como a vitrina de uma loja. Precisa ser atraente, dizer muito sem dizer tudo, deixar a pessoa com vontade, com fome de ler, com curiosidade. É como a isca bailando à frente do peixe...

Tenho longa experiência disso trabalhando em uma grande editora deste país. E já vi livros bons não exercerem nenhum interesse nas pessoas, provavelmente por causa do título (ou subtítulo) nada atraente ou mal escolhido. E vi também livros comuns fazerem o sucesso que não mereciam, talvez por causa do fascínio estampado no título.

O tema deste livro é a Páscoa cristã. Cristã, sim, pois existe também a Páscoa judaica. Em um país totalmente cristão, poderíamos dizer simplesmente "Páscoa". Mas essa já não é a realidade em nosso país. Por isso é preciso detalhar: trata-se da Páscoa cristã. Todavia, esse tema pode ser visto a partir de vários ângulos. Certamente você já ouviu a historinha daquele grupo de cegos que nunca viram um elefante e tiveram a oportunidade de conhecê-lo com as mãos. Um tocou-lhe a tromba, outro a enorme orelha, o terceiro passou a mão em uma das pernas, outro apalpou a cauda dele e o último avaliou-lhe a barriga. Cada um desses cegos teve percepção própria, porém incompleta, daquilo que seria um elefante. Assim são os livros: é difícil encontrar um que esgote o assunto. Além disso, sequer passou pela cabeça do autor o desejo de ser completo e exaustivo.

Já tratei esse tema em um livrinho publicado por esta Editora, porém aí a Páscoa é associada à Semana Santa, pois não é possível falar dela sem mencioná-la dentro do Tríduo Pascal, e a Semana Santa, por sua vez, é tema incompleto sem a menção da Páscoa. Aqui, no entanto, o enfoque é outro, de sorte que o leitor não encontrará coisas repetidas anteriormente. Aquele livro (*O que é Semana Santa*) deve ser completado com este, e este supõe que o leitor tenha conhecimento do conteúdo daquele. Examinando o sumário de ambos é possível ter maior clareza a respeito desse tema.

O subtítulo dado a este trabalho será desenvolvido mais adiante. Eu quis atribuir à Páscoa cristã aquilo que é dito acerca da Basílica de São João de Latrão, em Roma. É importante salientar que se trata da Catedral do papa, bispo de Roma. Para quem está entrando, à direita, encontra-se, em latim, a seguinte informação: *Sacros. Lateran. Eccles. Omnium Urbis et Orbis Mater et Caput* (Sacrossanta Igreja Lateranense, Mãe e Cabeça de Todas as Igrejas da Urbe e do Orbe). Com esse subtítulo se pretende cativar a atenção dos leitores, já informados de que a Páscoa cristã é "Mãe e Cabeça de todas as festas cristãs".

I

Primeiros passos para entender o que é
PÁSCOA CRISTÃ

1. Origem da palavra "Páscoa"

"Páscoa" é palavra vinda do hebraico *péssah* e significa várias coisas. Às vezes, significa a própria vítima a ser consumida no banquete pascal judaico, ou seja, o cordeiro. Por isso encontramos a expressão "comer a páscoa". Veja, por exemplo, Marcos 14,12: "No primeiro dia dos ázimos, quando se imolava a Páscoa, os seus discípulos lhe disseram: 'Onde queres que façamos os preparativos para comeres a Páscoa?'". Aqui já podemos perceber que a "Páscoa" pode ter vários significados: é algo que se imola (ou seja, o cordeiro); algo que é consumido em uma refeição; é algo que representa uma festa; pode, ainda, significar o banquete pascal. Ao lado do substantivo *péssah*, encontramos em hebraico o verbo *passáh*. Em uma de suas formas verbais, tem o significado "passar junto a", "passar sem deter-se", "atravessar". Assim, temos à nossa disposição estas informações: passagem, imolar, comer em um banquete...

De acordo com o grande estudioso Antônio Houaiss, nomes ou termos bíblicos chegaram à nossa língua passando pelo grego e pelo latim. Em grego, "Páscoa" se diz *Páscha* (pronuncia-se "pásrra" ou "pásha"); em latim *Páscha* (pronuncia-se "páska"); em português "páscoa", palavra que conserva sobretudo o sentido de passagem, travessia.

2. PÁSCOA CRISTÃ

A Páscoa judaica é o útero onde foi gerada a Páscoa cristã. De fato, como veremos, a Páscoa de Jesus aconteceu durante a celebração do banquete pascal judaico. Todavia, como acontece com as pessoas, também a Páscoa cristã possui identidade e autodeterminação próprias. Com efeito, aquilo que nós cristãos celebramos já não é a Páscoa judaica, mas a Páscoa de Cristo e, com ele, também a nossa Páscoa.

Isso nos deve encher de sagrado respeito pela Páscoa judaica e pelo Judaísmo em geral. Respeito e gratidão, pois Jesus, que era judeu, não inventou nem tirou do nada a sua e nossa Páscoa. Como já dissemos – e não se deve esquecer – foi no contexto da Páscoa judaica que nasceu a Páscoa de Cristo, muito modificada e superior. Portanto, respeito e gratidão com o Judaísmo.

3. MÃE DE TODAS AS FESTAS CRISTÃS

Dissemos que a Páscoa cristã é Mãe de todas as festas que celebramos; é o centro e o motor do ano litúrgico. Isso pode ser entendido de várias formas.

1. Os primeiros cristãos celebravam unicamente a ressurreição de Jesus, no domingo, chamado de "Dia do Senhor". Prova disso – e também razão pela qual os cristãos festejam o domingo – são alguns textos bíblicos, dentre os quais destacamos dois: 1 Coríntios 16,2 e Apocalipse 1,10. Paulo escreveu aos coríntios por volta dos anos 54-56. No texto citado não se fala de "domingo", mas de "primeiro dia da semana", que é o mesmo que dizer "domingo". Nesse dia, os coríntios devem contribuir com algo para socorrer os cristãos empobrecidos de Jerusalém. Esse texto se completa com a narrativa da Ceia do Senhor do capítulo 11 dessa mesma carta (versículos 17 a 34).

O texto do Apocalipse (1,10) menciona explicitamente o "Dia do Senhor" como dia especial, pois é nele que o autor do livro faz a grande experiência de Cristo ressuscitado e visto como centro das Igrejas (os sete candelabros de ouro acesos). Esses dois textos são suficientes para nos garantir que a Páscoa de Jesus foi, desde o início, a grande e insuperável celebração dos cristãos.

> ## FIÉIS ATÉ O MARTÍRIO
>
> A notícia vem de Santo Agostinho e se refere a um grupo de mártires cristãos do Norte da África, conterrâneos dele, martirizados no ano 304. Eram 30 homens e 19 mulheres que se reuniam em uma casa em Abitina para celebrar o domingo. Descobertos e denunciados ao imperador romano Diocleciano, preferiram morrer a renunciar à participação da Missa no domingo, dia no qual se comemora a ressurreição do Senhor. Eles diziam: "Não se pode viver sem celebrar o dia do Senhor". E por isso foram martirizados. Sua memória é celebrada no dia 12 de fevereiro.

2. Há outros modos de entender a "maternidade da Páscoa cristã". Salientamos um: as festas dos seguidores de Jesus, em primeiro lugar os apóstolos. Nenhuma festa de santo ou santa, sequer as solenidades da Virgem Maria, sustentam-se sem a ligação umbilical com a

Páscoa do Senhor Jesus. É dessa mãe que nascem todas as outras festas. Foi assim desde o início e assim deverá ser sempre. Por que celebramos a festa ou a memória de santas e santos? Porque eles, na sua vida, identificaram-se com Jesus em alguns aspectos. Os mártires identificaram sua vida com o martírio de Jesus; os santos pastores, com Jesus Bom Pastor, e assim por diante. Se se rompe a ligação com a Páscoa de Jesus, as festas das santas e dos santos perdem o sentido e a razão de ser.

Portanto, o centro e o motor do ano litúrgico é a Páscoa do Senhor Jesus. Todas as outras festas são suas filhas, pois dela nasceram e dela dependem.

4. CABEÇA DE TODAS AS FESTAS CRISTÃS

Como vimos, desde o início, os seguidores de Jesus, chamados de cristãos, celebraram a Páscoa do Senhor. Mas não é somente a mais antiga. É também a mais importante, aquela que encabeça todas as outras. Isso é dito claramente na introdução do *Missal Romano* (página 111), ao apresentar a *Tabela dos dias litúrgicos segundo sua ordem de precedência*. Transcrevemos a parte que nos interessa, o bloco I:

1. Tríduo Pascal da Paixão e Ressurreição do Senhor.
2. Natal do Senhor, Epifania, Ascensão, Pentecostes.
   Domingos do Advento, da Quaresma e da Páscoa.
   Quarta-feira de Cinzas.
   Dias da semana da Semana Santa, de Segunda a Quinta-feira inclusive.
   Dias dentro da Oitava da Páscoa.
3. Solenidade do Senhor, da Bem-aventurada Virgem Maria e dos Santos inscritos no calendário geral.
   Comemoração de todos os fiéis defuntos.
4. Solenidades próprias, a saber:
a) Solenidade do padroeiro principal do lugar ou da cidade.
b) Solenidade da Dedicação e do aniversário de Dedicação da igreja própria.
c) Solenidade do Titular da igreja própria.
d) Solenidade do Titular,
   do Fundador
   ou do Padroeiro principal da Ordem ou Congregação.

BRINCANDO DE ABRE ALAS

Sozinho ou com amigos, você pode treinar brincando de abre alas com as festas a partir da tabela apresentada. E você bem cedo se tornará craque nesse assunto. Trata-se de abrir ou não abrir alas para festas segundo os critérios

> apresentados. Exemplos 1. Neste ano, a solenidade do padroeiro da minha cidade coincide com a Quinta-feira Santa. O que acontece? Resposta: A solenidade do padroeiro abre alas (= dá precedência) à Quinta-feira da Semana Santa. 2. Neste ano, a solenidade do Fundador da minha Ordem religiosa coincide com o primeiro domingo do Advento. O que acontece? Resposta: Ela deve abrir alas para o domingo do Advento. E assim por diante.

Dois casos concretos: **1.** No dia 19 de março celebra-se a solenidade de São José. O que acontece se esse dia coincidir com um domingo da Quaresma? *Resposta*: A solenidade abre alas ao domingo da Quaresma e é celebrada na segunda-feira seguinte. **2.** No dia 25 de março, celebra-se a solenidade da Anunciação do Senhor. Em certos anos, essa data coincide com um dia da Semana Santa. Como agir? *Resposta*: a solenidade é mandada para frente até encontrar um dia menos importante que ela. Esse dia é a segunda-feira após a Oitava da Páscoa.

Porém, há exceções. **1.** No dia 29 de junho celebramos a solenidade dos Apóstolos Pedro e Paulo, e essa data cai sempre no Tempo Comum. Em nosso país, por determinação da CNBB (Conferência Nacional dos Bispos do Brasil) e autorização da Santa Sé, essa solenidade é celebrada no domingo entre 28 de junho e 4 de julho. **2.** No dia 8 de dezembro celebramos a solenidade da Imaculada Conceição de Nossa Senhora. Se essa data cair no domingo, de acordo com a *Tabela*, o domingo do Advento deveria ter precedência. Porém, em nosso país, por determinação da CNBB e autorização da Santa Sé, essa solenidade é sempre celebrada no dia 8 de dezembro, mesmo que esse dia seja Domingo do Advento.

II
A PÁSCOA JUDAICA, BERÇO DA PÁSCOA CRISTÃ

1. Um pouco de história

Quem lê o capítulo 12 do Êxodo – texto que comparece como primeira leitura na Missa da Ceia do Senhor (Quinta-feira Santa) – pode ter a impressão de que nesse capítulo, que narra fatos acontecidos mais de 1250 anos antes de Jesus nascer, esteja surgindo a festa da Páscoa judaica. Porém, as origens dessa festa são muito mais antigas e também obscuras. Tudo leva a crer que a origem da Páscoa judaica está ligada à atividade de pastores – hebreus ou não – transumantes com seus rebanhos. E provavelmente sequer possuía o caráter de festa. Pastores transumantes são aqueles que não possuem pastagens próprias para seus rebanhos, conduzindo-os aonde há pastagens e aí ficando até que elas se esgotem. Daí *passam* a outras pastagens, vivendo como nômades, sem morada fixa e sem terrenos próprios. Essas *passagens* aconteciam sobretudo na primavera, estação de alimentos abundantes para os rebanhos e suas crias.

> **TRANSUMÂNCIA**
>
> É o fenômeno pelo qual os pastores – que não possuem pastagens próprias – conduzem seus rebanhos para lugares em que há abundância de pastagens. Isso pode ser visto ainda hoje em determinados países da Europa. No começo da primavera, as montanhas ainda estão cobertas de neve, mas as planícies, vales e baixadas já ostentam suculenta pastagem. E os pastores conduzem para lá seus rebanhos de ovelhas ou cabras. Abraão foi transumante.

A passagem para território desconhecido podia causar medo nos pastores: medo dos eventuais inimigos, dos espíritos que poderiam prejudicar ou esterilizar as fêmeas... Para espantar esses espíritos maléficos, os pastores costumavam imolar cordeirinhos, untando com o sangue deles as estacas das tendas em que habitavam. Note-se que já temos aqui muitos elementos incorporados mais tarde pela Páscoa dos hebreus no Egito: a ideia de passagem, de travessia; o sangue que afugenta os espíritos maus; o cordeiro imolado.

É provável que os hebreus no Egito tenham adaptado essa antiga festa, tornando-a própria e levando para a Terra Prometida a memória dessa grande epopeia. Na época dos Juízes, quando o povo de Deus estava organizado em tribos (cerca de 1250 a 1040 antes de Jesus nascer), essa memória continuou sendo recordada e celebrada, antes mesmo que houvesse um templo central, construído pelo rei Salomão (que governou de 970 a 931 antes de Cristo). A Páscoa era então celebrada nos santuários locais ou nas casas, sendo presidida pelo chefe de família. Ainda não havia textos escritos, e a lembrança da grande libertação foi passando de pai para filho, de mãe para filha. Era memória oral das maravilhas do Senhor (libertação da escravidão egípcia, travessia do mar Vermelho etc.).

Houve um rei em Judá chamado Josias (governou de 640 a 609 antes de Cristo). Na época desse rei, promoveu-se uma faxina no Templo construído por Salomão. Nessa reforma, encontrou-se o "Livro da Lei", abandonado e perdido no Templo. Esse livro é a parte central do Deuteronômio (capítulos 12 a 26). Esse texto havia sido usado no Norte e depois trazido para o Sul, acabando abandonado no Templo de Jerusalém. A descoberta e a leitura desse texto provocaram grande comoção e foram o motor da reforma político-religiosa promovida pelo rei

Josias. A narrativa de como celebrar a ceia pascal judaica descrita em Êxodo 12 recebe retoques e se torna norma para as celebrações posteriores. Entre as decisões tomadas, encontra-se a centralização da festa da Páscoa no Templo de Jerusalém e a obrigatoriedade de todo judeu ir ao Templo para celebrar a Páscoa. Mas a invasão dos babilônios acabou destruindo o Templo em 586 antes de Cristo e levando a população para o exílio na Babilônia, onde permaneceu por quase 50 anos. Terminado o exílio, um resto retornou e, a duras penas, reconstruiu o Templo, conhecido como Segundo Templo, bem menor que o primeiro. Perto do nascimento de Jesus, o rei Herodes reformou o Templo, mas os desmandos aí cometidos e a corrupção religiosa não desapareceram. Essa é a realidade encontrada por Jesus, que vamos conhecer acompanhados pelo Evangelho de João.

2. O Evangelho de João e as três festas da Páscoa judaica

O Evangelho de João pode ser visto, lido e estudado como o "evangelho das festas". De fato, ele narra seis festas judaicas, três das quais são Páscoa. Visto que Páscoa acontece uma vez por ano, a partir dessas três

Páscoas, chegou-se a estipular que a "atividade pública" de Jesus se prolongou por três anos. Essa informação abre enorme campo de discussão sobre qual dos Evangelhos é mais histórico, ou seja, mais aderente aos fatos, pois os outros três evangelistas mostram Jesus em Jerusalém somente por ocasião da Paixão e Morte (isso se excetuarmos as narrativas da infância de Jesus no Evangelho de Lucas). Creio que não é este o lugar adequado para essas questões. Portanto, vamos deixá-las de lado.

As seis festas judaicas citadas no Evangelho de João são estas:

1. *Páscoa* (2,13-22). Notemos que é chamada "Páscoa dos judeus".
2. *Festa não identificada* (5,1 e seguintes). Também identificada como "festa dos judeus".
3. *Páscoa* (6,4 e seguintes). É a segunda Páscoa citada no Evangelho de João e também chamada "Páscoa dos judeus".
4. *Tendas* (7,2 e seguintes). Denominada "festa judaica das Tendas".
5. *Dedicação do Templo* (10,22).
6. *Páscoa* (anunciada em 11,55). Também esta chamada de "Páscoa dos judeus". É a terceira.

Algumas considerações e esclarecimentos. O Evangelho de João, surgido por volta do ano 100, é altamente simbólico. Cada cena, trecho ou frase contém um simbolismo a ser descoberto e levado em conta. O leitor atento deve ter percebido que a maioria das festas citadas são também chamadas de "festas dos judeus". A palavra "judeus", no Evangelho de João, nem sempre se refere ao povo judeu como um todo. Às vezes, ela indica apenas as "autoridades judaicas". É o caso das festas. Então perguntamos: Por que o evangelista as chama assim? E a resposta virá a seguir. Perguntamos ainda: Como descobrir quando a palavra "judeus" não se refere a todo o povo? Observe o contexto em que ela aparece: se estamos em um contexto isento de conflitos, então ela quer indicar o povo judeu como um todo. Mas, se o contexto é polêmico, conflituoso e pesado, deve-se entender que se trata das "autoridades judaicas".

Esse procedimento nos impede de cometer grave injustiça, ou seja, impede que atribuamos ao povo judeu a responsabilidade pela morte de Jesus. Quem o matou foram as autoridades judaicas e o poder romano que dominava a Palestina. Em uma espécie de queda de braço, as autoridades judaicas forçam Pilatos, o governador romano, a dar a sentença para que Jesus fosse morto. Pilatos desfrutava o título de "amigo de César". As autoridades judaicas o põem contra a parede: "Se o soltas, não és amigo de César" (João 19,12). Para não perder o título, o poder e as regalias, Pilatos cede. E Jesus pode então ser executado. Isso está bem claro no Evangelho de João, e o leitor pode procurar à vontade a participação do povo judeu nesse processo, mas com certeza não encontrará. O povo judeu amava e estimava Jesus. Os poderosos são os responsáveis por sua morte: o poder político dos romanos dominadores na pessoa de Pilatos, o poder religioso na pessoa dos sumos sacerdotes e chefes dos sacerdotes e o poder econômico na pessoa de ambas as autoridades, judaicas e romanas. E podemos com certeza, porém cheios de tristeza, afirmar que, se Jesus viesse novamente a este mundo, esses mesmos poderes o matariam.

Ora, o contexto das seis festas é sempre carregado de tensão, como veremos. Por isso, a expressão "dos judeus" deve ser lida ou entendida como se tratando das "autoridades judaicas". Portanto, são festas que interessam às autoridades, e não ao povo como um todo. Isso ficará mais claro em seguida.

Observe outra coisa. No início do capítulo 2, em que se narra o casamento (não se trata de bodas!) em Caná, acontece o primeiro sinal (o Evangelho de João não usa a palavra "milagre") realizado por Jesus: a transformação da água em vinho excelente. O núcleo central do texto (versículo 6) informa que estavam aí seis talhas de pedra vazias. O número 6, tomado simbolicamente, representa a imperfeição (não chega a ser 7, número perfeito). Podemos estabelecer a seguinte relação:

As talhas	*As festas dos judeus em João*
São seis	São seis
São de pedra	São duras como pedra
Estão vazias.	Estão vazias de sentido e conteúdo.

Examinemos agora brevemente cada uma dessas festas e por que não fazem mais sentido.

1. *Primeira Páscoa* (2,13-22). Como as demais festas, durava uma semana. Dias antes do início das festividades, armava-se o comércio em volta do Templo. As barraquinhas e os espaços em torno do Templo pertenciam ao Sumo Sacerdote. Ele alugava esses espaços, onde se vendia de tudo, principalmente animais para os sacrifícios do povo, especialmente cordeiros e pombos (sacrifício dos pobres). Esses animais eram criados nas fazendas do clero (sumos sacerdotes e chefes dos sacerdotes). Ainda que as pessoas levassem da própria casa o animal para o sacrifício, quase sempre eram obrigadas a comprá-lo dos líderes religiosos a preço de ouro. A Páscoa judaica era a ocasião em que os judeus residentes no estrangeiro

deviam peregrinar a Jerusalém a fim de pagar o imposto do Templo. As moedas que essas pessoas levavam a Jerusalém para pagar o imposto do Templo eram quase sempre moedas corroídas pela inflação. Deviam, pois, ser cambiadas pela moeda forte, a moeda pagã da cidade fenícia de Tiro. Os cambistas cobravam 8% para fazer o câmbio. A moeda Tíria (da cidade de Tiro), em uma de suas faces, levava gravada a imagem do deus Melcart, padroeiro de Tiro. Mas ninguém se importava com essa transgressão do mandamento, permitindo que no tesouro do Templo entrasse uma moeda pagã, um ídolo. Por ocasião da festa, o preço dos pombos ia às nuvens, punindo os pobres inocentes em suas necessidades.

Jesus vai a Jerusalém e, no Templo, provoca verdadeira faxina. Os mais atingidos são os vendedores de pombos, pois os mais prejudicados nessa festa eram os pobres.

Diferentemente dos outros evangelhos, o Evangelho de João coloca no início esse episódio. Ele quer deixar bem claro que o novo Templo, no qual as pessoas se encontram com Deus, é o corpo de uma pessoa: Jesus (1,14). Mas as autoridades judaicas, que se sentiram lesadas economicamente, reagem perguntando a respeito da autoridade com a qual Jesus faz essas coisas. (Uma antiga tradição atribuía ao rei a responsabilidade pela ordem e pelo bom andamento do Templo.) Na resposta está embutida uma acusação: as autoridades vão tentar destruir esse novo Templo, mas ele ressuscitará.

2. *Festa não identificada* (5,1 e seguintes). Também classificada como "festa dos judeus". Jesus cura um paralítico que há trinta e oito anos está à beira da piscina à espera de cura. Não tem ninguém e precisa ser curado também na vontade, pois já está resignado a morrer desse jeito. Jesus o cura totalmente (leia 7,23). Mas o dia da cura é sábado. Jesus, portanto, transgride o preceito da observância do sábado. E, pela primeira vez, as autoridades judaicas declaram que ele deve morrer por haver violado o descanso no dia sagrado para os judeus. Jesus faz uma declaração surpreendente: o Pai dele continua trabalhando até hoje, refazendo a criação. Tradicionalmente se diz que no sétimo dia da criação Deus descansou. Para Jesus, a atividade criadora do Pai se prolonga na história, e o próprio Jesus trabalha, pondo vida onde não há vida, sem se importar com o dia. Sagrada é a vida, e, se para salvá-la for preciso violar o descanso sabático, lembremo-nos de que a vida está acima de tudo.

3. *Páscoa* (6,4 e seguintes). É a terceira festa e a segunda Páscoa citada no Evangelho de João. É classificada como "festa dos judeus". Por ocasião da festa, todo judeu devia peregrinar a Jerusalém e oferecer os sacrifícios prescritos pela Lei. Jesus está na Galileia, região norte da Palestina. Em vez de ir a Jerusalém, ele atravessa o lago

de Genesaré e vai celebrar a festa do pão com o povo faminto em terra estrangeira. Aí se celebra a Páscoa, pois aquilo que se celebra em Jerusalém já não é mais a comemoração da libertação do cativeiro no Egito. Mais ainda, com os desmandos das lideranças judaicas, a Palestina é o novo Egito, terra da exploração e escravização dos judeus. A crueldade dos líderes judaicos é a mesma do Faraó egípcio. E povo escravizado não faz festa...

4. *Tendas* (7,2 e seguintes). É a quarta festa do Evangelho de João. É chamada de "festa judaica". Durante oito dias, o povo fazia uma procissão carregando água tirada da fonte Gion até o Templo. À noite, acendiam-se grandes fogueiras na esplanada do Templo. Era festa alegre, pois se acreditava que o Messias se manifestaria durante a festa. Jesus sobe a Jerusalém quando a festa está chegando ao fim. E, no último dia, o mais solene, proclama ser portador e doador de água viva: "Se alguém tem sede, venha a mim e beberá, aquele que crê em mim! Conforme a palavra da Escritura: de seu seio jorrarão rios de água viva" (7,37b-38). Segue-se o terrível e conflituoso capítulo 8, que começa com o episódio da mulher pega em flagrante cometendo adultério (8,1-11). Há nova declaração da morte de Jesus. Ele, talvez relembrando as fogueiras da esplanada do Templo, declara: "enquanto estou no mundo, sou a luz do mundo" (9,5).

5. *Dedicação do Templo* (10,22). É a festa mais jovem no Evangelho de João. Recorda e celebra aquilo que aconteceu uns cem anos antes. Judas Macabeu venceu a guerra contra os inimigos e consagrou o Templo que havia sido profanado pelos pagãos. Nessa festa, liam-se textos importantes da Bíblia, por exemplo o trecho de Ezequiel, que condena os maus pastores (capítulo 34). Além de afirmar que os líderes judaicos são ladrões, Jesus se declara o Pastor. Ninguém tira a vida dele, pois ele a dá livremente (João 10,18). Jesus é o Pastor que tira as ovelhas (o povo) do curral (o Templo e seus controladores). Por isso, no capítulo 11, narra-se a ressurreição de Lázaro, a ovelha obediente à voz do Pastor.

6. *Páscoa.* É a terceira, anunciada em 11,55. Em 13,1, cita-se novamente a Páscoa, mas já não é a "Páscoa dos judeus" e, sim, a Páscoa de Jesus. A terceira "Páscoa dos judeus" não é celebrada, pois comparece a nova Páscoa, a Páscoa do Cordeiro Jesus. João 18,28 anuncia a proximidade da Páscoa judaica e, em 19,14, afirma-se que Jesus é condenado à morte quando começava a Preparação, ou seja, a matança dos cordeiros para a festa da Páscoa judaica. Mas ao se iniciar a Preparação, Jesus já está morto. Com essa informação, ficamos sabendo as intenções do evangelista João: mostrar que o verdadeiro cordeiro pascal é aquele que morreu na cruz. O texto sublinha essa

verdade também ao mostrar que, cumprindo as exigências da Lei, o cordeiro pascal não devia ter nenhuma fratura óssea. O Evangelho de João afirma que os ossos de Jesus permaneceram intactos.

> **ATIVIDADE**
>
> Há muitos outros detalhes a respeito das festas que não foram informados. Sugere-se que você tome uma dessas festas e a analise mais profundamente. O trabalho se torna mais interessante se você conseguir envolver outras pessoas.

3. JESUS CELEBROU A PÁSCOA JUDAICA COM OS DISCÍPULOS

Paulo (1 Coríntios 11,17 e seguintes), Mateus (26,2.17-19), Marcos (14,12-17) e Lucas (22,7-14) concordam em afirmar que Jesus celebrou com os discípulos, em Jerusalém e em uma casa, a Páscoa judaica, introduzindo as mudanças significativas que dão origem à Páscoa cristã. O Evangelho de João não menciona esse fato, e parece improvável que Jesus tenha celebrado a Páscoa judaica. O episódio do Lava-pés, ignorado pelos outros três evangelistas e por Paulo, não pertence à Páscoa judaica e também não há, no capítulo 13 de João, a instituição da Eucaristia como nos demais evangelhos e em Paulo (veja adiante o que se diz acerca da Eucaristia no Evangelho de João). Em João 13 temos uma ceia de despedida, na qual Jesus dá exemplo de serviço e recomenda a todos que se amem. E nada mais. O Evangelho de João está preocupado em separar as duas Páscoas, a judaica e a cristã, mostrando que a primeira não tem mais valor. Por isso, como já foi demonstrado anteriormente, o verdadeiro Cordeiro pascal é imolado antes do início da matança dos cordeiros para a Páscoa judaica.

Assim sendo, chega-se à conclusão de que Jesus antecipou a celebração da Páscoa judaica, transformando-a em sua e nossa Páscoa. A questão da data é incerta. Mas não nos deteremos nisso. Simplesmente lembramos que a morte de Jesus deve ter acontecido no ano 30, no dia anterior à Páscoa desse ano, na sexta-feira de 14 de Nisã, mês judaico, que para nós corresponde ao dia 7 de abril do ano 30.

4. O RITUAL DA PÁSCOA JUDAICA

Não é fácil reconstituir as etapas da ceia pascal judaica no tempo de Jesus. Havia, contudo, alguns elementos essenciais: pães sem fermento, ervas amargas, leitura de textos bíblicos referentes ao momento, várias taças de vinho e a consumação do cordeiro pascal, segundo as normas de Êxodo 12. O encerramento consistia em cantar os Salmos 113-118. O centro da Páscoa judaica consiste em comer o cordeiro pascal. De lá para cá houve mudanças e acréscimos no ritual.

E HOJE?

Atualmente, a riqueza de pormenores da celebração também chama a atenção: o modo como é preparada a mesa, as disposições acerca do vestuário das pessoas, os textos bíblicos lidos para recordar a origem desse acontecimento etc. Há abluções (lavagem das mãos), toma-se vinho (em quatro etapas) e encerra-se a celebração com o canto de salmos (113-118). Provavelmente o rito da Páscoa judaica em nossos dias é bastante variável nas coisas que compõem uma espécie de introdução, e fortemente resistente às mudanças na parte central. Nos ritos iniciais há, por exemplo, o costume de esconder alimentos fermentados. Eles devem ser procurados por toda a casa e queimados, de sorte que nada fermentado permaneça na casa em que a festa é celebrada. Procede-se ao rito da luz sob os cuidados da mãe, ocasião em que se acendem velas. A celebração é presidida pelo patriarca da família ampliada ou pelo rabino. O núcleo central,

> denominado *Seder*, contém a ingestão do primeiro copo de vinho. Todo pequeno gesto vem entrecortado com "benditos" dirigidos a Deus. Depois do vinho, come-se um pedaço de batata, símbolo da riqueza e liberdade. Come-se pão sem fermento, ovo cozido, até se alcançar a ceia propriamente dita, na qual o prato principal é o cordeiro, acompanhado de outros ingredientes, por exemplo, grão-de-bico. Importante antes de comer o cordeiro é a leitura de textos bíblicos referentes ao momento que se está celebrando. É a parte mais extensa da celebração. Nela se faz memória daquilo que se celebra, o nascimento de um povo livre.

A Páscoa judaica celebrada por Jesus com seus discípulos certamente não comportava todos os detalhes da celebração judaica de hoje. Mas com certeza não faltaram os elementos essenciais: o pão sem fermento, as ervas amargas, o vinho e o cordeiro pascal. Quanto ao vinho, não sabemos se Jesus e seus discípulos tomaram sucessivamente as quatro taças da ceia pascal judaica. O cálice abençoado, do qual Jesus disse "Tomai e bebei", deve corresponder ao terceiro cálice da refeição pascal judaica. O Evangelho de Mateus (26,3) menciona o canto do hino, que corresponde aos salmos 113-118.

5. AS SUBSTITUIÇÕES FEITAS POR JESUS: "AUSÊNCIA" DO CORDEIRO PASCAL TRADICIONAL

As modificações ou substituições feitas por Jesus são muito importantes e são elas que nos garantem estarmos diante da Páscoa de Jesus. Os elementos cuja presença é explicitamente citada (pão sem fermento e vinho) são transformados: o pão sem fermento é seu Corpo, o vinho é seu Sangue. O elemento não citado nas narrativas dos evangelistas (cordeiro) comparece: ele próprio é o Cordeiro pascal cujo sangue sela a nova Aliança. A primeira Aliança, selada com sangue de animais (Êxodo 24,3-8), é substituída por outra Aliança, nova, superior, definitiva, eterna, que não poderá ser rompida. Êxodo 24,3-8 se torna anúncio de uma realidade concretizada na pessoa de Jesus: o sangue dele derramado – substituindo o sangue de animais – é que nos perdoa os pecados. Vale a pena recordar a origem daquilo que escutamos na consagração do vinho na celebração da Eucaristia:

> ^{24,3}Veio, pois, Moisés, e referiu ao povo todas as palavras de Iahweh e todas as leis, e todo o povo respondeu a uma só voz: "Nós observaremos todas as palavras ditas por Iahweh". ^{4}Moisés escreveu todas as palavras de Iahweh; e, levantando-se de manhã, construiu um altar ao pé da montanha

e doze estelas para as doze tribos de Israel. ⁵Depois enviou alguns jovens dos israelitas, e ofereceram holocaustos e imolaram a Iahweh novilhos como sacrifícios de comunhão. ⁶Moisés tomou a metade do sangue e colocou-a em bacias, e espargiu a outra metade do sangue sobre o altar. ⁷Tomou o livro da Aliança e o leu para o povo, e eles disseram: "Tudo o que Iahweh falou nós o faremos e obedeceremos". ⁸Moisés tomou do sangue e o aspergiu sobre o povo, e disse: "Este é o sangue da Aliança que Iahweh fez convosco, através de todas estas cláusulas".

Esse é o ritual do sangue com o qual se fazia Aliança. O altar representa Deus. Sobre ele e sobre o povo é aspergido sangue de animais, pois na Antiguidade era assim que se assinavam contratos entre pessoas ou povos (neste caso, entre Deus e o povo). Quando celebramos a Eucaristia, memorial da Páscoa de Jesus, é a nova Aliança que estamos celebrando. Essa Aliança é selada no vinho consagrado, Sangue de Cristo.

> "Tomai, todos, e bebei. Este é o cálice do meu Sangue, o Sangue da nova e eterna Aliança, que será derramado por vós e por todos para remissão dos pecados. Fazei isto em memória de mim".

6. MEMÓRIA OU MEMORIAL?

Embora pareçam sinônimos (e como sinônimos sejam usados), *memória* e *memorial* escondem uma diferença importante. E a partir disso podemos perguntar: a Eucaristia, na qual celebramos a Páscoa de Jesus, é *memória* ou *memorial*? Que diferença faz se usarmos sem distinção as duas palavras? Não se chega à mesma conclusão?

A diferença é sutil, porém essencial. Tentemos explicar. Ambas as palavras supõem um *presente* e um *passado*. *Memória* é a ação pela qual no *presente* eu me recordo do *passado*. É viajar ao passado permanecendo no presente. Nesse sentido, o passado não exerce nenhum efeito sobre o meu presente. *Memorial* é, estando no presente, viajar ao passado, trazendo-o para o presente e celebrá-lo no presente. Em palavras menos complicadas: memória é recordar; memorial é reviver.

Se isso estiver certo, então se deve entender a Eucaristia como memorial, e não simplesmente memória. Veja estas aclamações que fazemos na Missa depois da consagração:

> Anunciamos, Senhor, a vossa morte e proclamamos a vossa ressurreição...
> Todas as vezes que comemos deste pão e bebemos deste cálice, anunciamos, Senhor, a vossa morte...

É evidente que se trata de memorial, embora a Liturgia use a palavra memória. Na Eucaristia, portanto, revivemos a Páscoa do Senhor Jesus. E seus efeitos continuam presentes em nossa vida, de sorte que a Páscoa de Jesus é também a nossa.

III
A PÁSCOA CRISTÃ

1. "CRISTO, NOSSA PÁSCOA, FOI IMOLADO. CELEBREMOS A FESTA"

A Páscoa de Cristo é também a nossa Páscoa. Toda vez que celebramos a Páscoa do Senhor na Eucaristia, somos envolvidos na sua Páscoa, que se torna também nossa. E de Páscoa em Páscoa peregrinamos até a Páscoa definitiva em Deus. Isso deveria mudar nossa mentalidade em vários aspectos, dos quais recordo apenas um. Quando se leem as intenções da Missa no início da celebração, costuma-se ouvir: "Por alma de..."; e ouve-se a data da morte: sétimo, trigésimo dia, "x" anos da morte de fulano. Nenhuma referência à morte como Páscoa individual de alguém, associada à Páscoa de Jesus.

Mas não se trata somente da mudança de palavras. É sobretudo a mudança de mentalidade, de formação, que está em jogo. E isso demanda tempo, gerações, catequese...

A Páscoa de Cristo repercute em nós, tornando-se Páscoa dos cristãos. O Novo Testamento tem muitas passagens que comprovam isso. Aqui me limito a comentar apenas uma, que diz:

> Nossa Páscoa, Cristo, foi imolado. Celebremos, portanto a festa, não com velho fermento... mas com pães ázimos: na pureza e na verdade (1 Coríntios 5,7-8).

Os coríntios, antes da chegada de Paulo à cidade e antes que ouvissem o anúncio que ele fazia da morte e ressurreição de Jesus, não conheciam nem a Deus nem ao Senhor Jesus. Eram, portanto, pagãos. No dizer de outra carta de Paulo, eram trevas, mas agora são luz. Paulo anunciou a eles aquilo que Deus fez por eles quando ainda estavam nas trevas: alguém – Jesus Cristo – os amou e entregou a própria vida por eles. É o resultado da Páscoa de Jesus na Páscoa das pessoas: das trevas, elas foram trazidas para a luz.

A diferença entre as trevas e a luz é total, e a passagem delas para ela é obra de alguém que ama. É, pois, necessário festejar, comemorar, para que os efeitos da Páscoa de Jesus sejam eficazes na vida dos coríntios, ou seja, tornem-se Páscoa cristã.

Paulo usa as imagens opostas do pão fermentado e do pão ázimo, isto é, sem adição de fermento. A tradição disso é muito antiga. Aqui basta recordar que o fermento possui pelo menos dois significados, um positivo e outro negativo. Aqui, o fermento é tomado em sentido negativo, ou seja, como algo que corrompe. Velho fermento é sinônimo de coisa ruim; a ausência de fermento nos pães (ázimos) é coisa boa e necessária.

Ainda hoje, na Páscoa judaica, antes da celebração da ceia pascal, é preciso fazer desaparecer (queimar) tudo aquilo que foi elaborado com fermento: pão, broas, biscoitos... Tudo deve desaparecer, caso contrário não será possível celebrar a Páscoa. Paulo aproveita essa imagem, não em sentido físico, mas simbólico e espiritual. Para celebrar a Páscoa cristã, é preciso fazer desaparecer tudo aquilo que ele chama de "velho fermento": antigos modos de pensar, agir, relacionar-se... Faxina geral, eliminação total do passado vivido nas trevas.

Na Páscoa judaica, é indispensável a presença do pão sem fermento, também conhecido como ázimo (*matsá*). Assim como é essencial o desaparecimento de tudo o que possui fermento, é essencial também a presença do pão sem fermento. Paulo sabe disso e usa essa imagem, não em sentido real, e, sim, simbólico. Ele convida a festejar com pães ázimos: na pureza e na verdade.

2. A RESSURREIÇÃO DE CRISTO: NÚCLEO CENTRAL DA FÉ CRISTÃ

Os coríntios deram muito trabalho ao apóstolo Paulo. Ainda bem! Pois, graças à canseira que os coríntios lhe deram, nós fomos agraciados com excelentes textos, frutos do seu coração apaixonado por Jesus Cristo e pelo povo. Uma dessas frases soa assim:

> Se Cristo não ressuscitou, ilusória é a vossa fé; ainda estais nos vossos pecados (1 Coríntios 15,17).

Paulo viveu e morreu antes que fossem escritos os Evangelhos. Todas as cartas dele, portanto, são anteriores ao surgimento de Marcos, Mateus, Lucas (e também Atos dos Apóstolos) e João. Quando levamos isso em conta, torna-se mais compreensível a dificuldade que enfrentou em anunciar Jesus Cristo morto e ressuscitado. As comunidades por ele fundadas não possuíam um evangelho. Paulo era para elas o Evangelho vivo, em palavras e ações.

Qual era o conteúdo de seu anúncio, que nós chamamos *querigma*? O anúncio fundamental de Paulo está presente em suas cartas. Mas não podemos esquecer um detalhe: as cartas constituem etapa posterior de evangelização. Ele simplesmente chegava a uma cidade, anunciava Jesus Cristo, e aqueles que aderissem ao anúncio eram batizados e passavam a formar parte de uma comunidade cristã. Quando havia problemas na comunidade, ele a visitava se tivesse condições. Se não podia viajar, mandava uma carta esclarecendo, iluminando, incentivando e também corrigindo. É de suas cartas, portanto, que tentamos extrair o *querigma*, isto é, o anúncio fundamental daquilo que ele dizia. Observe com muita atenção como essas coisas estão presentes em 1 Coríntios 15,1 e seguintes:

> [1]Lembro-vos, irmãos, o evangelho que vos anunciei, que recebestes, no qual permaneceis firmes, [2]e pelo qual sois salvos, se o guardais como vo-lo anunciei, doutro modo teríeis acreditado em vão. [3]Transmiti-vos, em primeiro lugar, aquilo que eu mesmo recebi: Cristo morreu por nossos pecados, segundo as Escrituras. [4]Foi sepultado, ressuscitou ao terceiro dia, segundo as Escrituras. [5]Apareceu a Cefas e depois aos Doze...

Aí está o anúncio fundamental do anúncio de Paulo e dos outros apóstolos. Veja a importância dos verbos na sequência: anunciei, recebestes, permaneceis firmes, sois salvos.

> ## SEGUNDO AS ESCRITURAS
>
> Paulo usa a expressão "segundo as Escrituras". Quais são essas "Escrituras", visto que os evangelhos ainda não surgiram? A resposta esconde uma grande realidade: os seguidores de Jesus buscaram no Antigo Testamento passagens que fossem uma espécie de anúncio concretizado em Jesus. Assim, a expressão "morreu por nossos pecados" pode ter sido tirada do quarto canto do Servo sofredor (Isaías 53,4 e seguintes): "E no entanto eram nossos sofrimentos que ele levava sobre si, nossas dores que ele carregava. Mas nós o tínhamos como vítima do castigo, ferido por Deus e humilhado... O castigo que havia de trazer-nos a paz caiu sobre ele... Iahweh fez cair sobre ele a iniquidade de todos nós... Mas na verdade levou sobre si o pecado de muitos, e pelos criminosos fez intercessão". O texto que fala de "terceiro dia" pode ser encontrado em Oseias 6,2: "Depois de dois dias nos fará reviver, no terceiro dia nos levantará, e nós viveremos em sua presença".

3. Cristo, primícias dos que adormeceram (1 Coríntios 15,20)

Em Corinto, Paulo encontrou pesadas dificuldades e graves resistências diante de seu anúncio de Cristo ressuscitado e, portanto, dificuldades em acreditar na ressurreição das pessoas e resistências a isso. Aquela região, há séculos, pensava como pensou o grande filósofo Platão. Para ele, a matéria, no caso o corpo humano, está fatalmente condenada a desaparecer por ser má. Consequentemente, causava repulsa em muitos o pensamento segundo o qual o corpo humano deveria ressuscitar. E tentavam-se várias acomodações desse tema. Diante de muitos que negavam absolutamente a ressurreição do corpo, alguns lembravam que o batismo poderia ser essa "ressurreição". E isso tinha algo a ver com o pensamento de Paulo (veja a seguir, item 5). Eis como autores modernos explicam o pensamento de Platão a esse respeito:

> Até que temos um corpo, diz Platão, estamos "mortos", porque somos fundamentalmente a nossa alma, e a alma, até que está num corpo, encontra-se como num túmulo, e portanto mortificada; o nosso morrer (com o corpo) é viver, porque, morrendo o corpo, a alma é libertada do cárcere. O corpo é raiz de todos os males, é fonte de amores insanos, paixões, inimizades, discórdias, ignorância e loucura: e é justamente tudo isso que mortifica a alma. Essa concepção negativa do corpo se atenua um pouco nas últimas obras de Platão, porém jamais desaparece totalmente (G. Reale – D. Antiseri).

A reação de Paulo se encontra no longo capítulo 15 da Primeira Carta aos Coríntios. Aí ele toma um exemplo tirado da vida na roça, o caso das primícias. A palavra – embora se refira a um mandamento da religião hebraica e se encontre no Antigo Testamento – é bem conhecida também na cultura grega e pode ser aceita facilmente, mesmo sem a dimensão religiosa. No Antigo Testamento, primícias era assim chamado o primeiro feixe de trigo ou cevada ceifado. Esse feixe – por estarmos em contexto sagrado – pertencia a Deus, Senhor e doador da vida. E devia ser ofertado a ele, que concede fecundidade a terra e, com isso, alimento ao ser humano.

PRIMÍCIAS

Se você quer conhecer algo mais acerca da celebração das primícias no Antigo Testamento, leia Êxodo 23,19; 34,28; Deuteronômio 18,4; 26,1-2; Levítico 19,24; 23,9-11.15-17; Números 18,12-13. Provavelmente primícias estava ligada à oferta do primogênito humano e também dos animais. O primogênito de casal humano era ofertado/consagrado a Deus e, a seguir, resgatado mediante uma oferta (cordeiro) que substituía o primogênito masculino. A festa litúrgica da Apresentação do Senhor depende dessa lei.

Mas Paulo não leva em conta o aspecto religioso e, sim, o aspecto material. O primeiro feixe é o começo de grande colheita. Depois dele, colhe-se tudo o que foi semeado. Se o primeiro feixe é colhido, isso significa que é preciso colher todo o resto. O primeiro feixe é, portanto, o início de toda a colheita. Ora, se ele é colhido por primeiro, virão em seguida muitos outros feixes. Assim fica claro: Cristo é primícias, e todo ser humano segue o caminho por ele aberto. Ele ressuscitou. Nós ressuscitaremos por causa dele.

4. Cristo, primogênito dos mortos (Apocalipse 1,5)

Menos de cinquenta anos depois, não muito longe daí, na ilha de Patmos, escreve-se o Apocalipse. Nele já não há dúvidas ou resistências à fé na ressurreição das pessoas, e Jesus é visto como protagonista da história. Normalmente identificado com o Cordeiro vencedor e vitorioso de tudo, é no início chamado de "primogênito dos mortos" (1,5), título estranho, mas com sentido semelhante ao de primícias.

Na cultura daquele tempo e lugar, o nascimento do primeiro filho (primogênito) significava a superação de graves perigos possíveis: a esterilidade e a morte no parto. O nascimento do primogênito, portanto, é caminho aberto para outros nascimentos e, evidentemente, outros virão (imaginava-se uma família numerosa). Suscita certa dificuldade a expressão "dos mortos", que é entendida de forma mais clara se substituída por "daqueles que morreram". Mas, mesmo assim, o título "primogênito daqueles que morreram" precisa ser interpretado. E com isso descobrimos uma centelha da cristologia das comunidades ligadas ao evangelista João. A expressão subentende que Jesus é primogênito no sentido que ressuscitou para nunca mais morrer. Outros – Lázaro, a filha de Jairo, o filho da viúva de Naim – ressuscitaram para uma vida que tem a morte pela frente. Jesus, ao contrário, ressuscitou para nunca mais morrer. E com ele e como ele também nós.

INFLUÊNCIA LUMINOSA

Entre a ressurreição de Jesus e o surgimento dos evangelhos narrando a ressurreição há décadas. Marcos, o mais antigo, deve ter sido escrito aproximadamente quarenta anos depois da ressurreição. Mateus e Lucas, cerca de meio século. Nesse tempo de ausência escrita da ressurreição, as comunidades cristãs continuaram celebrando a vitória de Cristo sobre a morte. Assim sendo, é bem fácil que, ao escrever um evangelho, o evangelista o fizesse sob a influência da ressurreição, diríamos, sob a influência luminosa da ressurreição. Vejamos dois exemplos. Em primeiro lugar, quando deu à luz o Menino Jesus, Lucas diz que Maria *envolveu-o em faixas e o reclinou* em uma manjedoura (Lucas 2,7). Depois que Jesus morreu, José de Arimateia se dispôs a sepultar o Senhor. Lucas 23,53 afirma: "E descendo-o, *envolveu-o em um lençol e colocou-o em uma* tumba talhada na pedra..." As semelhanças entre os dois textos são evidentes. O segundo exemplo vem do episódio que só Lucas narra: Jesus no Templo debatendo com os doutores. Nessa cena se diz que os pais *encontraram Jesus* depois de *três dias*. Interrogado pela mãe, ele responde dizendo que deve *estar na casa do seu Pai*. As expressões grifadas ajudam a entender que o episódio é narrado à luz da ressurreição.

5. O BATISMO: ASSOCIAÇÃO À MORTE E RESSURREIÇÃO DE CRISTO

Devemos, sobretudo, ao apóstolo Paulo o pensamento desenvolvido neste subtítulo, apesar dos mal-entendidos. Aliás, como veremos, o batismo é fruto do *querigma*, isto é, do anúncio básico feito pelos primeiros seguidores de Jesus.

QUERIGMA

Palavra de origem grega que pode ser traduzida por "anúncio fundamental". É a síntese daquilo que os primeiros cristãos anunciavam. Ao longo do Novo Testamento, encontram-se vários trechos que contêm o resumo das palavras dos apóstolos. Por exemplo, no livro dos Atos dos Apóstolos 2,22 e seguintes: "Homens de Israel, ouvi estas palavras! Jesus, o Nazareu, foi por Deus aprovado diante de vós com milagres, prodígios e sinais, que Deus operou por meio dele entre vós, como bem sabeis. Este homem, entregue segundo o desígnio determinado e a presciência de Deus, vós o matastes, crucificando-o pela mão dos ímpios. Mas Deus o ressuscitou, libertando-o das angústias do Hades, pois não era possível que ele fosse retido em seu poder". Como se vê, o querigma gira em torno da morte e ressurreição de Jesus. Confira você mesmo outros trechos dos Atos dos Apóstolos contendo o querigma: 3,11 e seguintes; 4,1 e seguintes...

Paulo não visitava os pequenos centros urbanos. Era homem das grandes cidades e a elas se dirigia para anunciar Jesus Cristo. As pessoas que aceitassem esse anúncio deviam provocar uma reviravolta total em suas vidas: aceitavam Jesus, recebiam o batismo (só pessoas adultas) e passavam a constituir comunidade de irmãos, com relações totalmente diferentes de antes, abrindo as portas para a esperança que reluz no horizonte da nossa história. É por isso que, no início da Primeira Carta aos Coríntios, ele agradece a Deus o fato de não ter batizado muita gente. Isso pode soar estranho, mas é muito lógico em seu e nosso pensamento. Em primeiro lugar vem o anúncio. O batismo, que incorpora o batizado na morte e ressurreição de Cristo, é consequência do anúncio. Por isso, para que haja muitos novos batizados é preciso reforçar o anúncio.

Feito o anúncio e criado alguma comunidade em uma metrópole, ele se dirige a outras cidades. Sua esperança era que a comunidade, na grande cidade, exercesse a função própria do fermento: contaminar positivamente outras pessoas, criar novas comunidades. E assim, de núcleo em núcleo, a grande cidade receberia o anúncio de Jesus Cristo. Em seguida, crescendo e expandindo-se, a mensagem cristã atingiria as periferias das metrópoles, bem como as cidades menores. Compreende-se, então, por que escrevendo aos Romanos (15,23) no ano 56, quando estava em Corinto, ele afirma não haver mais campo para o trabalho dele naquelas regiões (a Grécia). Ele havia fundado comunidades cristãs em todas as grandes cidades da região e estava pronto a partir para novos campos de missão, a Espanha.

O batismo nas comunidades ligadas a Paulo era feito da seguinte maneira: o adulto mergulhava na água (tanque ou piscina). Esse mergulho representava a morte para o passado, marcado pela desigualdade, pelas relações injustas entre as pessoas, por tudo o que há de ruim. Sair da água representava a ressurreição em Cristo: vida nova, luz, novas relações, comunidade, fraternidade, caminho novo, tudo de bom. O adulto assim batizado recebia roupa nova (representando nova identidade) e, como iluminado, recebia também um mandato, que pode ser visto em Gálatas 3,28: "De agora em diante, você vai viver e lutar para que sejam superadas as diferenças de raça (não há mais judeu ou grego), de condição social (escravo ou livre) e de gênero (homem ou mulher)". A vida do batizado se transformara completamente. Era nova criatura. Iria viver em comunidade onde todos são irmãos, que partilham a mesma fé e os mesmos sentimentos.

É por isso que, no mais antigo livro do Novo Testamento (1 Tessalonicenses), logo no início, Paulo fala de fé ativa, de amor capaz de sacrifícios e firme esperança. Tudo isso teve seu toque inicial no anúncio. Podemos representar isso da seguinte maneira:

Anúncio (querigma): → fé → amor → esperança;
Fé: → abandono dos ídolos → batismo → servir ao Deus verdadeiro;

Amor: → comunidade, novas relações (irmãos);
Esperança: → futuro novo → vida definitiva em Deus.

O batismo, portanto, é resultado da aceitação do anúncio, que provoca a rejeição dos ídolos e a entrada em uma comunidade de irmãos, onde as relações são totalmente novas – as pessoas se tratam como irmãos – e juntos caminham para o futuro em Deus. Causa arrepios constatar pela primeira vez no Novo Testamento o surgimento da palavra "irmãos" (1 Tessalonicenses 1,4), cuja importância é despercebida por muitos hoje em dia. Os batizados passavam a viver as coisas de Deus, em comunidade de fé.

> ## Confira
>
> Esse esquema está presente de maneira forte no pensamento de Paulo. Veja, por exemplo, Romanos 10,14: "Mas como poderiam invocar aquele em quem não creram? E como poderiam crer naquele que não ouviram? E como poderiam ouvir sem que haja pregador?" O esquema – invertido – se refere ao anúncio que suscita a fé, que leva à invocação. Assim: Invocar a Deus ← fé ← ouvir ← pregador (anúncio). O sentido direto é este: sem pregador que anuncie, ninguém é levado a crer e, consequentemente, ninguém invoca a Deus.

Concluindo esse pensamento, com toda certeza pode-se afirmar que a ressurreição do Senhor Jesus é o ponto de partida e o motor de nossa "ressurreição" para a vida nova na comunidade de irmãos e é a porta aberta para a ressurreição definitiva da vida eterna em Deus.

6. A Eucaristia: memorial da paixão, morte e ressurreição de Cristo

Quando celebramos a Missa estamos realizando o memorial da Paixão, Morte e Ressurreição do Senhor. Missa, portanto, é Páscoa do Senhor celebrada por uma comunidade de irmãos e de fé. Para sublinhar esse aspecto, vamos reproduzir palavras do presidente da celebração dirigidas a Deus-Pai após a consagração.

Oração eucarística I: "Celebrando, pois, a memória da paixão do vosso Filho, da sua ressurreição dentre os mortos e gloriosa ascensão aos céus, nós, vossos servos..."
Oração eucarística II: "Celebrando, pois, a memória da morte e ressurreição do vosso Filho, nós vos oferecemos..."
Oração eucarística III: "Celebrando, agora, ó Pai, a memória do vosso Filho, da sua paixão que nos salva, da sua

gloriosa ressurreição e da sua ascensão ao céu, e enquanto esperamos a sua nova vinda..."
Oração eucarística IV: "Celebrando agora, ó Pai, a memória da nossa redenção, anunciamos a morte de Cristo, proclamamos a sua ressurreição e ascensão à vossa direita, e, esperando a sua vinda gloriosa, nós vos oferecemos..."
Oração eucarística V: "Recordamos, ó Pai, neste momento, a paixão de Jesus, nosso Senhor, sua ressurreição e ascensão; nós queremos a vós oferecer..."
Oração eucarística VI-A: "Celebrando, pois, ó Pai santo, a memória de Cristo, vosso Filho, nosso Salvador, que pela paixão e morte de cruz fizestes entrar na glória da ressurreição e colocastes à vossa direita, anunciamos a obra do vosso amor, até que ele venha, e vos oferecemos o pão da vida e o cálice da bênção".
Idêntico texto aparece nas orações eucarísticas VI-B, VI-C e VI-D. Os dois formulários seguintes são para missas sobre a reconciliação:
Oração eucarística VII: "Lembramo-nos de Jesus Cristo, nossa páscoa e certeza da paz definitiva. Hoje celebramos sua morte e ressurreição, esperando o dia feliz de sua vinda gloriosa. Por isso..."
Oração eucarística VIII: "Ó Deus, Pai de misericórdia, vosso Filho nos deixou esta prova de amor. Celebrando a sua morte e ressurreição, nós vos damos..."

Há três missas com crianças:
Oração eucarística IX: "Nesta reunião fazemos o que Jesus mandou. Lembramos a morte e ressurreição de Jesus, que vive no meio de nós..."
Oração eucarística X: "Por isso, lembramos agora, Pai querido, a morte e a ressurreição de Jesus, que salvou o mundo..."
Oração eucarística XI: "Por isso, ó Pai, estamos aqui diante de vós e cheios de alegria recordamos o que Jesus fez para nos salvar. Neste sacrifício, que ele deu à sua Igreja, celebramos a morte e a ressurreição de Jesus".

7. POR QUE O DOMINGO É DIA SANTO?

As religiões monoteístas têm seu dia santo (ou sagrado). Para nós, cristãos, esse dia se chama *domingo* ou *dia do Senhor*. Chama-se assim porque foi nesse dia, o primeiro da semana, que o Senhor Jesus ressuscitou, vencendo a morte. O domingo merece respeito e suscita reflexão.

SANTO ATANÁSIO E O DOMINGO

Atanásio nasceu em Alexandria (Egito) por volta do ano 296 e, nessa cidade, morreu aos 77 anos (maio

> de 373). Viveu tempos turbulentos durante os 45 anos em que foi Arcebispo de Alexandria, contabilizando, em cinco ocasiões, 17 anos de exílio, por ordem de quatro imperadores. Exerceu papel importante no Concílio de Niceia, onde se defendeu e consolidou a fé na divindade de Cristo. Escreveu muitos livros sobre vários temas. Deve-se a ele o incremento do domingo como principal dia da semana e a afirmação de que o domingo da ressurreição é "o domingo dos domingos". Sua memória é celebrada no dia 2 de maio.

Nosso mundo pós-moderno tirou desse dia todo o seu brilho e importância, obrigando-o a ser um dia como os outros. Antigamente havia um mandamento da Igreja que dizia mais ou menos assim: "Participar da Missa inteira aos domingos, de outras festas de guarda e abster-se de ocupações de trabalho". Ora, dado o pluralismo religioso e outros fatores, nas grandes cidades menos de 5% participam da Missa dominical. Os serviços essenciais devem continuar, ainda que em proporção menor. Mas, de modo geral, as leis trabalhistas é que obrigam ao cumprimento do "abster-se de ocupações de trabalho". Não é por causa do sentido profundo do dia sagrado que as pessoas deixam de trabalhar. Mas não é raro encontrar fissurados em trabalho que fazem do domingo um dia de atividades como os outros dias.

Aos domingos, andando por ruas e praças das grandes cidades de hoje, o que se vê são pessoas levando seu cachorro a passear. Se a cidade for litorânea, há mais gente na praia do que na igreja. Normalmente as estradas não carregam o volume de carros dos demais dias da semana. Nas metrópoles, o êxodo costuma acontecer no fim da sexta-feira: muitos vão para o sítio, a chácara, o interior, fugindo do ar poluído, do barulho e da acachapante rotina da grande cidade. Quando uns acordam e vão caminhar, outros vão para casa saindo das baladas e do frenesi da noite...

E o fim de semana, como foi? Perguntamos uns aos outros, sem provavelmente perceber que faltou algo que nos completasse. E o que nos poderia completar? Quem sabe, a vivência do domingo e suas propostas, que tento esboçar agora a partir daquilo que o sábado representa no contexto da Bíblia. (No livro *O que é Tempo Comum*, publicado por esta Editora, você encontrará muitas informações acerca do *domingo*, nas páginas 13-17 e 125-132.)

O sábado (*shabat*) é criação dos judeus exilados na Babilônia. Escravizados, sem descanso do duro trabalho, deram-nos essa preciosidade, para nós enriquecida com os elementos próprios do domingo.

Em primeiro lugar, o homem não é máquina que deve funcionar a qualquer custo e a toda hora. Para os judeus, o *shabat* (que se inicia ao entardecer da sexta-feira) é feito para o encontro com Deus e com as pessoas. É para estar com a família, curtir o prazer de estar juntos.

Êxodo 20,8-10 ordena a santificação do sábado. Aqui, santificar se resume em abster-se de trabalho. Quem deve abster-se? Não só a família, mas também o escravo, os animais e os estrangeiros que residem no país. Até a terra precisa descansar no ano sabático. A voracidade humana descontrolada levou Jesus a pôr ordem na confusão criada: a pessoa em primeiro lugar.

No primeiro relato da criação, em Gênesis 1, o ser humano foi criado às vésperas do descanso divino, o sétimo dia, às portas da festa. O ser humano foi convidado desde a criação para festejar, para estancar a maçante rotina dos outros dias (*shabat* está ligado à ideia de *cessar, parar*). É ocasião de abrir os olhos da alma e olhar para dentro de si, renovando as perguntas existenciais: quem sou? Para onde vou? De onde vim?

Com os olhos da alma, responder à pergunta dirigida a Deus (e a si mesmo) pelo autor do Salmo 8: "O que é o ser humano?" É ocasião para contemplar a si mesmo e aos outros, como faz esse salmo, extasiado com a maravilha de estar vivo, poder enxergar e enxergar-se como imagem e semelhança de Deus.

Com os ouvidos da alma, escutar o que dizem os cansaços, as dores do corpo, as rugas da pele (próprias e alheias), para descobrir se a alma não está também cansada, dolorida, cheia de rugas. Enfim, o domingo quer ser o dia que nos acorda dispostos e alegres na segunda-feira; que torna gostosa a segunda-feira porque, afinal, estamos vivos. E viver é bom, muito bom.

IV
OS TEXTOS BÍBLICOS DO DOMINGO DA RESSURREIÇÃO DO SENHOR

1ª LEITURA (ATOS DOS APÓSTOLOS 10,34a.37-43)

Naqueles dias, ³⁴ᵃPedro tomou a palavra e disse: ³⁷"Vós sabeis o que aconteceu em toda a Judeia, a começar pela Galileia, depois do batismo pregado por João: ³⁸como Jesus de Nazaré foi ungido por Deus com o Espírito Santo e com poder. Ele andou por toda a parte, fazendo o bem e curando a todos os que estavam dominados pelo demônio, porque Deus estava com ele. ³⁹E nós somos testemunhas de tudo o que Jesus fez na terra dos judeus e em Jerusalém. Eles o mataram, pregando-o numa cruz. ⁴⁰Mas Deus o ressuscitou no terceiro dia, concedendo-lhe manifestar-se ⁴¹não a todo o povo, mas às testemunhas que Deus havia escolhido: a nós, que comemos e bebemos com Jesus, depois que ressuscitou dos mortos. ⁴²E Jesus nos mandou pregar ao povo e testemunhar que Deus o constituiu Juiz dos vivos e dos mortos. ⁴³Todos os profetas dão testemunho dele: 'Todo aquele que crê em Jesus recebe, em seu nome, o perdão dos pecados'".

Comentário: Na primeira parte de Atos dos Apóstolos (capítulos 1-12, excluído o 9º), a figura predominante ou protagonista principal é Pedro, às vezes chamado Simão Pedro. Sua presença é constante e, grosso modo, pode-se afirmar que sua pregação estava voltada para os judeus. Essa visão estreita dos membros da comunidade cristã de Jerusalém limitava a ação do Espírito Santo, que, em várias ocasiões, tentou romper essa barreira.

O capítulo 10 de Atos é a tentativa derradeira para que a mensagem de Jesus, condensada no querigma inicial, rompesse fronteiras e alcançasse também a outra parte da humanidade, representada pelos não judeus, também chamados de gentios ou pagãos.

Por isso, o capítulo 10 – do qual foram pinçados alguns versículos – pode com certeza ser chamado de "conversão de Pedro", pois um não judeu, o militar Cornélio, já agrada a Deus e ele, junto com toda a família, recebe o Espírito Santo antes mesmo de ser batizado. Por que Cornélio agrada a Deus? Por causa do comportamento prático. O texto diz que rezava muito a Deus e dava esmolas aos pobres – naturalmente judeus. Aí estão as duas dimensões da religião: relação com Deus e relação com as pessoas.

Temer a Deus e ser solidário com quem passa necessidade são a síntese da religião. E isso já faz parte do cotidiano de Cornélio, que reside em Cesareia, junto ao mar.

Ali perto, na cidade de Jope, encontra-se o outro protagonista desse episódio: é Pedro que, não sabemos por qual razão, está hospedado na casa de um judeu curtidor. Os curtidores eram vistos como pessoas impuras por lidarem com couros, matéria morta. Por volta do meio-dia, Pedro sobe ao terraço da casa para rezar, pois normalmente os judeus acreditavam que, estando em lugares elevados, as pessoas se encontrariam mais perto de Deus.

Pedro sentiu fome e teve uma visão: em uma grande toalha descida do céu estava um cardápio horroroso, pois eram todos animais vivos, porém impuros. É evidente que se trata de metáfora: os animais tidos por impuros representam os não judeus. E Pedro escuta a ordem de matar e comer, ordem que se repete três vezes, mas ele se recusa a obedecer, pois jamais comeu algo impuro (a impureza que o alimenta, no entanto, é o preconceito incrustado em sua alma). A voz que lhe deu a ordem tenta corrigi-lo, prevenindo contra o perigo de considerar impuro aquilo que Deus purificou, isto é, Cornélio e sua família. Este, que incorporou até os horários de oração dos judeus, também está rezando, e um Anjo lhe ordena mandar buscar Pedro na casa do curtidor. E obedece.

As duas cenas se fundem na terceira, mostrando a chegada dos emissários de Cornélio e a ida de Pedro à casa do não judeu. Os versículos que compõem a primeira leitura deste domingo são o querigma – um pouco ampliado – de Pedro. Nele constam elementos antecedentes, anúncio da morte e ressurreição de Jesus, e consequências: Jesus como Juiz universal e o resultado da adesão mediante a fé (o perdão dos pecados). Tudo isso permeado pela palavra-chave *testemunho(a)*.

SALMO RESPONSORIAL
Salmo 117 (118),1-2.16ab-17.22-23)

**Este é o dia que o Senhor fez para nós:
alegremo-nos e nele exultemos!**

¹Dai graças ao Senhor, porque ele é bom!
"Eterna é a sua misericórdia!"
²A casa de Israel agora o diga:
"Eterna é a sua misericórdia!"

¹⁶A mão direita do Senhor fez maravilhas,
a mão direita do Senhor me levantou.
¹⁷Não morrerei, mas, ao contrário, viverei
para cantar as grandes obras do Senhor!

²²"A pedra que os pedreiros rejeitaram
tornou-se agora a pedra angular.
²³Pelo Senhor é que foi feito tudo isso:
Que maravilhas ele fez a nossos olhos!"

Comentário: Da forma como se encontra no contexto do Saltério, esse salmo encerra o "louvor" (*Hallel*: Salmos 113-118 na numeração hebraica; 112-117 na numeração grega e latina e no uso da Liturgia). Trata-se do encerramento do "hino" que Mateus 26,30 afirma ter sido cantado por Jesus e os discípulos como conclusão da Última Ceia. Os judeus o cantavam no final das grandes solenidades. Do ponto de vista da tipificação dos salmos, estamos diante de uma ação de graças (individual ou coletiva). As frases pinçadas e que formam o Salmo de resposta deste dia mostram tratar-se de uma pessoa. O começo dá a impressão de que estamos diante de um texto no qual intervêm um solista e a assembleia. O motivo da ação de graças é evidente: Deus fez *maravilhas*. Em todo o Antigo Testamento, essa palavra – normalmente no singular – se refere a um ato exclusivo de Deus, isto é, só ele realiza maravilhas. E a maravilha insuperável se chama êxodo da escravidão egípcia. A libertação da escravidão no Egito é a grande maravilha para o povo de Deus, e desse tronco nascem as maravilhas menores, grupais ou individuais, porém são sempre ação decorrente daquela maravilhosa libertação.

Evidentemente, a Liturgia interpretou em chave cristológica este salmo: a maravilha insuperável é a ressurreição de Jesus, e dessa maravilha brotam todas as maravilhas possíveis realizadas pela força da ressurreição. Mais ainda: Deus não só ressuscitou a Jesus, mas, no dizer da primeira leitura, ele o constituiu Juiz dos vivos e dos mortos, ou seja, universal.

Parece possível estabelecer contato desse tema com a imagem da pedra angular rejeitada pelos pedreiros e tornada *pedra angular*. Nas construções antigas, com portas de pedra em arco, pedra angular é a pedra de encaixe situada no alto. Ela é fundamental para a solidez do conjunto. Sem ela, tudo desmorona e vem abaixo. Transpondo o salmo para o Novo Testamento, nota-se como os seguidores de Jesus o identificaram com a pedra angular. Para nós também: tentemos pensar a Igreja sem Jesus ressuscitado. Não se sustenta. Tudo encontra firmeza e estabilidade na pessoa dele, pedra rejeitada pelos pedreiros (alusão à sua morte), mas tornada pedra angular (ressuscitado, Juiz universal etc.)

2ª LEITURA (COLOSSENSES 3,1-4)

Irmãos: ¹Se ressuscitastes com Cristo, esforçai-vos por alcançar as coisas do alto, ²onde está Cristo, sentado à direita de Deus; aspirai às coisas celestes e não às coisas terrestres. ³Pois vós morrestes, e a vossa vida está escondida, com Cristo, em Deus. ⁴Quando Cristo, vossa vida, aparecer em seu triunfo, então vós aparecereis também com ele, revestidos de glória.

Comentário: Paulo não fundou a(s) comunidade(s) cristã(s) de Colossas. Elas surgiram por iniciativa de um companheiro dele, Epafras, porém logo se manifestaram os problemas, e Epafras teve de recorrer ao seu "pai espiritual" a fim de buscar a luz necessária para iluminar a caminhada. Na região de Colossas, provavelmente sob influência de judeus da região, pensava-se que no espaço entre o céu e a terra – entenda-se entre Deus e a humanidade – se encontravam muitos seres intermediários, bons ou ruins, que "filtravam" as coisas que vinham de Deus e as coisas que da humanidade subiam a Deus. Esses seres intermediários costumam ser chamados "eões". Eram, no fundo, eles que regiam a vida das pessoas (a situação recorda de longe os horóscopos ou forças invisíveis de nossos dias).

Isso era terrível, pois reduzia Jesus Cristo a um desses "eões" e nada mais. Paulo não discute a existência desses seres intermediários. Porém, logo no início da carta, em forma de poema, deixa as coisas muito claras, afirmando acerca de Jesus: "Ele é a imagem do Deus invisível, o primogênito de toda criatura, porque nele foram criadas todas as coisas, no céu e na terra, as visíveis e as invisíveis: Tronos, Soberanias, Principados, Autoridades, tudo foi criado por ele e para ele. É antes de tudo e tudo nele subsiste". Está dada a resposta: se essas realidades intermediárias (Tronos...) existem de fato não importa. O importante é perceber e vivenciar a supremacia de Jesus Cristo. Somente ele é a imagem do Deus invisível; é também cocriador dos "eões", e isso faz essas entidades intermediárias voltarem ao seu lugar: são criaturas e, por isso, não podem "filtrar" aquilo que vem de Deus e aquilo que da humanidade sobe a Deus. Em certo sentido, Paulo deletou os "eões": se existem, para nada servem, pois a ligação entre os seres humanos e Deus se faz mediante a pessoa de Jesus Cristo.

Os versículos que compõem a leitura deste domingo são ao mesmo tempo a síntese das argumentações de Paulo e o começo da exortação que vem em seguida. Estabelece-se um contraste ente *ressuscitar* e *morrer*. Como foi apresentado acima, trata-se do batismo, no duplo movimento de morrer e ressuscitar. O batismo é verdadeiro divisor de águas, estabelecendo uma separação: o *antes* morre quando a pessoa é batizada. Então surge o *depois*, que não deve trazer nenhum vestígio do antes. Portanto, quem foi batizado é um ressuscitado em Cristo e, para ser coerente, deve buscar as coisas do alto, rompendo com o passado (antes) e não permitindo que avance e contamine o novo. Aliás, esta é questão severa para Paulo, e ele fica furioso quando em uma comunidade de "ressuscitados" entram elementos do velho homem e do velho mundo, ou seja, as coisas da terra. Como foi dito, o batismo incorpora o fiel em Cristo. E na parusia, quando Cristo se manifestar glorioso, também os cristãos se manifestarão gloriosos.

Evangelho (João 20,1-9)

¹No primeiro dia da semana, Maria Madalena foi ao túmulo de Jesus, bem de madrugada, quando ainda estava escuro, e viu que a pedra tinha sido retirada do túmulo. ²Então ela saiu correndo e foi encontrar Simão Pedro e o outro discípulo, aquele que Jesus amava, e lhes disse: "Tiraram o Senhor do túmulo, e não sabemos onde o colocaram". ³Saíram, então, Pedro e o outro discípulo e foram ao túmulo. ⁴Os dois corriam juntos, mas o outro discípulo correu mais depressa que Pedro e chegou primeiro ao túmulo. ⁵Olhando para dentro, viu as faixas de linho no chão, mas não entrou. ⁶Chegou também Simão

Pedro, que vinha correndo atrás, e entrou no túmulo. Viu as faixas de linho deitadas no chão [7]e o pano que tinha estado sobre a cabeça de Jesus, não posto com as faixas, mas enrolado num lugar à parte. [8]Então entrou também o outro discípulo, que tinha chegado primeiro ao túmulo. Ele viu e acreditou. [9]De fato, eles ainda não tinham compreendido a Escritura, segundo a qual ele devia ressuscitar dos mortos.

Alguns tópicos (a ser completados a partir de *O que é Semana Santa*, páginas 65 e seguintes, publicado por esta Editora).

1. O *túmulo*. Em um trecho relativamente pequeno, a palavra aparece 7 vezes. A presença marteladora dessa palavra quer significar algo. Observe o que ela suscita: perplexidade, sobretudo em Simão Pedro. Normalmente tido como lugar da morte, contém um conteúdo que o simples olhar não descobre. Simão Pedro e o Discípulo Amado veem as faixas de linho e o pano enrolado em um lugar à parte. Cada um tira as próprias conclusões. Simão Pedro continua perplexo, mas o Discípulo Amado descobre a novidade.

2. As personagens representam grupos com dificuldade em "ver" as coisas com outros olhos (veja, abaixo, capítulo VI). Para nós, que jamais veremos com olhos mortais o Ressuscitado, é feito o desafio de vê-lo com outro olhar, o olhar do Discípulo Amado: ele vê aquilo que todos veem, mas tira conclusões que os outros não conseguem tirar: a morte foi vencida pelo amor. De fato, ser Discípulo Amado é nossa meta. O amor se torna o termômetro da nossa fé. Quem ama sabe que a morte não consegue matar o amor.

3. Quem ama corre mais ganha a corrida e vê aquilo que os olhos do corpo não veem. Simão Pedro, que ainda não ama, corre menos e perde a corrida não porque é mais velho, mas porque não possui o combustível dessa corrida, isto é, o amor. A última vez que ele apareceu foi na cena do palácio do Sumo Sacerdote. Lá negou três vezes que era íntimo de Jesus. Ele precisa se reconciliar no amor para que o seu olhar seja purificado. Isso acontecerá no capítulo 21, quando responderá positivamente à pergunta que Jesus lhe faz acerca do amor. O Discípulo Amado corre mais e chega antes porque é movido pelo amor. O amor se antecipa, e nós podemos constatar isso no carinho das mães por seus bebês, e também no serviço alegre, gratuito e constante de muitas pessoas dedicadas à comunidade. O Discípulo Amado vê as mesmas faixas e o pano enrolado vistos por Simão Pedro. Porém "vê" tudo isso com o olhar do amor, inclusive os mínimos detalhes: o pano enrolado (dobrado) à parte. É uma senha que só o amor possui: aí não houve roubo (os ladrões não teriam a paciência e cuidado de dobrar um pano). Por isso, o amor enxerga aí o sinal da vitória: Jesus está vivo! O amor venceu!

V

PECULIARIDADES NA MISSA DO DOMINGO DA PÁSCOA

Na Missa do Domingo da Páscoa temos algumas peculiaridades, assinaladas a seguir.

1. SEQUÊNCIA

É adaptação de um antigo hino (em latim) chamado *Victimae Paschali Laudes*, de autoria incerta. É tão belo quanto raro, pois é cantado somente neste dia, antes da aclamação ao Evangelho. Está repleto de contatos bíblicos, insinuando, evocando. Em seguida apresentamos o texto. Porém o leitor é convidado e desafiado a completar as citações bíblicas que estão por trás do texto. Para facilitar, você encontrará em **negrito** a insinuação ou evocação bíblica. E no fim de cada frase, uma possível passagem bíblica, que você é convidado a completar, acrescentando o número do versículo.

1. Cantai, cristãos, afinal:
"Salve, ó vítima pascal!"
Cordeiro **inocente**, o Cristo (João 19,...)
abriu-nos do Pai o aprisco. (João 14,...)

2. **Por toda ovelha** imolado, (João 10,...)
do mundo lava o pecado. (João 1,...)
Duelam forte e mais forte:
É a vida que vence a morte. (1 Coríntios 15,...)

3. O Rei da vida, **cativo**, (João 18,...)
foi morto, mas reina **vivo**. (Marcos 16,...)
Responde, pois, ó Maria:
No caminho, o que havia? (João 20,...)

4. "**Vi Cristo ressuscitado,** (Lucas 24,...)
o túmulo abandonado, (João 20,...)
os anjos da cor do sol, (Mateus 28,....)
dobrado ao chão o lençol". (João 20,...)

5. **O Cristo, que leva aos céus,** (João 14,...)
caminha à frente dos seus. (Marcos 16,...)
Ressuscitou de verdade, (Lucas 24,...)
ó Cristo Rei, piedade!

2. Prefácio da Páscoa, I

Embora o Missal Romano contemple Prefácios próprios e exclusivos para outras solenidades, o Prefácio da Páscoa I tem algo especial. Trata-se da expressão "neste dia", referida ao Domingo da Ressurreição. Ela é repetida em todos os dias da Oitava da Páscoa (veja o próximo capítulo), pois a Oitava forma um único dia com o Domingo da Páscoa. O trecho do Prefácio em questão é este:

> Na verdade, é justo e necessário, é nosso dever e salvação dar-vos graças sempre e em todo lugar, mas sobretudo neste dia em que Cristo, nossa Páscoa, foi imolado...

Esse Prefácio pode ser tomado também ao longo do Tempo Pascal, substituindo-se a expressão "neste dia" por "neste tempo".

3. Oração Eucarística I

Desde os primórdios do cristianismo até nossos dias, é costume batizar adultos dentro da Vigília Pascal. Aliás, trata-se do momento e lugar mais oportunos para receber esse sacramento. A Oração eucarística I, também conhecida como Cânon Romano, tem dois momentos próprios antes da consagração. São rezados da Vigília Pascal até o segundo Domingo da Páscoa. O primeiro, associado ao tema do Prefácio que acabamos de ver, traz estas palavras:

> Em comunhão com toda a Igreja celebramos o dia santo da ressurreição de nosso Senhor Jesus Cristo. Veneramos também a Virgem Maria e seu esposo São José...

O segundo, no pedido dirigido ao Pai, a fim de que aceite a oferenda, recorda os que foram batizados na Vigília Pascal. O texto diz:

> Recebei, ó Pai, com bondade, a oferenda dos vossos servos e de toda a vossa família. Nós a oferecemos também por aqueles que fizestes renascer pela água e pelo Espírito Santo, dando-lhes o perdão de todos os pecados. Dai-nos sempre a vossa paz, livrai-nos da condenação eterna e acolhei-nos entre os vossos eleitos. Por Cristo, Senhor nosso. Amém.

4. Repetição do "Aleluia" na despedida

É pequeno detalhe dos ritos finais repetido na Oitava da Páscoa. Às palavras de despedida o diácono ou quem preside a celebração acrescenta duplo "Aleluia" (que significa "Louvai a Iahweh"). E a assembleia, respondendo "graças a Deus", também acrescenta duplo Aleluia. É o desejo de que o anúncio alegre da ressurreição do Senhor se expanda pelos ares, atinja os corações e contagie o mundo com o poder da vida que venceu a morte.

VI
A OITAVA DA PÁSCOA

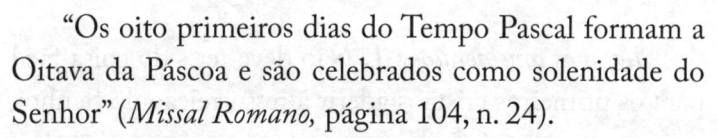

"Os oito primeiros dias do Tempo Pascal formam a Oitava da Páscoa e são celebrados como solenidade do Senhor" (*Missal Romano*, página 104, n. 24).

A classificação da Oitava como "solenidade do Senhor" demonstra a importância desses dias, a semana que se segue após o Domingo da Ressurreição (localize e confira na *Tabela dos dias litúrgicos*; veja, acima, página ...). Além de algumas características em comum com o Domingo da Ressurreição (veja o capítulo anterior), na Oitava, canta-se (ou reza-se) o *Glória*. É a Oitava mais importante do Ano Litúrgico. As leituras da Missa são sempre as mesmas:

Segunda-feira na Oitava da Páscoa: Atos dos Apóstolos 2,14.22-32; Salmo 15 (16); Mateus 28,8-15.
Terça-feira na Oitava da Páscoa: Atos dos Apóstolos 2,36-41; Salmo 32 (33); João 20,11-18.

Quarta-feira na Oitava da Páscoa: Atos dos Apóstolos 3,1-10; Salmo 104 (105); Lucas 24,13-35.

Quinta-feira na Oitava da Páscoa: Atos dos Apóstolos 3,11-26; Salmo 8; Lucas 24,35-48.

Sexta-feira na Oitava da Páscoa: Atos dos Apóstolos 4,1-12; Salmo 117 (118); João 21,1-14.

Sábado na Oitava da Páscoa: Atos dos Apóstolos 4,11-21; Salmo 117 (118); Marcos 16,9-15.

Algumas considerações: **1.** Não deve ter sido coisa fácil para os primeiros cristãos aderir à ressurreição do Senhor, assim como não é fácil para muitos em nossos dias crer que ele está vivo. Os evangelhos, escritos décadas após a ressurreição, ainda escondem resquícios dessa dificuldade. E note-se que na Oitava da Páscoa comparecem os quatro, velando as dificuldades e encontrando soluções. Comecemos pelo Evangelho de Marcos. Originalmente terminava em 16,8, antes do trecho proposto para o sábado na Oitava da Páscoa. E como terminava o Marcos original? Com grande perplexidade, repleta de dúvidas. O mensageiro junto ao túmulo declara: querem vocês encontrá-lo vivo? Então se dirijam à Galileia, e lá vocês o verão. Mais tarde, assustados com esse final inesperado, acrescentaram-se os versículos que lemos neste sábado. São uma colcha de retalhos de citações dos outros evangelhos e também dos

Atos dos Apóstolos. Dificuldades semelhantes devem ter encontrado as comunidades de origem judaica ligadas a Mateus. O episódio bizarro dos guardas que dormem e do cadáver roubado esconde certa perplexidade. Não restam dúvidas de que os seguidores de Jesus encontraram dificuldades. O Evangelho de João não foge à regra: na manhã da ressurreição, Maria Madalena diz a Pedro e ao Discípulo Amado: tiraram o Senhor do sepulcro e não sabemos onde o colocaram. Ela fala no plural, revelando ser porta-voz de um grupo perplexo. O final do episódio lido no Domingo da Ressurreição também caminha nesse sentido. Também o capítulo 21 – o episódio da pesca – revela que os discípulos, exceto o Discípulo Amado, não reconhecem o Ressuscitado na praia. Mais problemático é o Evangelho de Lucas, escrito para cristãos de cultura grega, para os quais repugna a ideia da matéria – o corpo – ressuscitar, na esteira do platonismo enraizado. O episódio de Jesus comendo peixe assado – exclusivo de Lucas – revela a profundidade dessa perplexidade. E o episódio dos discípulos de Emaús demonstra que as coisas não foram tão simples e que a fé no Ressuscitado não surgiu espontaneamente.

2. As tentativas de suscitar a fé. Diante dessa temática aqui apenas esboçada, os evangelistas não deixaram suas comunidades ao relento e no deserto da descrença.

Marcos, como vimos, apoia-se nas aparições narradas pelos outros. E resolve o problema. Mateus transforma em contradição o episódio dos guardas: se deviam estar vigilantes a fim de impedir o roubo, mas acabaram dormindo, como podem testemunhar que o cadáver foi roubado? João resume tudo e tudo encaminha à fé mediante o tema do amor. O amor não morre; a morte acaba eliminada e morta pelo amor. O Discípulo Amado por que ama acredita. O amor gera a fé (veja outras considerações no comentário ao evangelho do Domingo da Ressurreição). Lucas, diante do impasse, encontra a saída no *testemunho* dos discípulos, que agem sob o poder do Espírito Santo. A questão do *testemunho* é extremamente importante, sobretudo nos Atos dos Apóstolos. Ele é como um fio colorido que atravessa todo o livro. O *testemunho* é o compromisso que Jesus confia aos discípulos no final do Evangelho de Lucas. Esse compromisso é reiterado em Atos dos Apóstolos 1,8, e se concretiza nos discursos de Pedro, nas curas e na resistência do testemunho diante das ameaças do Sinédrio, o tribunal que condenou à morte o Senhor Jesus. À medida que o testemunho cresce e avança, cresce também o número dos fiéis que aderem ao Ressuscitado pela fé.

3. Lucas, autor do Evangelho do mesmo nome e também dos Atos dos Apóstolos, usa o recurso das Escrituras. No final do Evangelho, o próprio Ressuscitado dá aos discípulos a chave de leitura solucionadora (veja 24,26-27 e 24,45). E em seu discurso no dia de Pentecostes, Pedro usa essa chave, lendo o Salmo 15 (16) como profecia realizada em Jesus ressuscitado (veja a leitura e o salmo da segunda-feira).

Fenômeno estranho

O Salmo 15 (16) rezado na Segunda-feira da Oitava da Páscoa é um salmo de confiança individual. No discurso após o Pentecostes, Pedro o usa, transpondo a realidade do salmista à realidade do Cristo ressuscitado. Para ele (e para nós) é uma profecia da ressurreição de Jesus. Porém, esse salmo, nas palavras de Pedro, contém uma mudança inexplicável. No salmo, a pessoa tem confiança de que não verá a cova, ou seja, não morrerá em decorrência da situação vivida. O texto original diz assim (versículo 10): "... pois não abandonarás a minha vida no Xeol, nem deixarás que o teu fiel veja a cova". Na boca de Pedro (Atos dos Apóstolos 2,27) "cova" ou "sepultura" tornou-se "corrupção", ou seja, "decomposição". Assim: "Porque não abandonarás a minha alma no Hades, nem permitirás que teu Santo veja a corrupção". A mudança é total, mas como se passou da cova à decomposição continua fenômeno estranho. E casos assim há muitos na Bíblia!

VII
Ascensão e Pentecostes: coroa da Páscoa cristã

1. Ciclo pascal

Há um modo interessante de dividir o Ano Litúrgico. Em vez de separá-lo por tempos, considerá-lo por ciclos. No caso que nos interessa, em vez de olhá-lo por tempos (Tempo da Quaresma, Tempo Pascal...) pode-se considerá-lo por ciclos, por exemplo, o Ciclo da Páscoa, que se inicia com a Quarta-feira de Cinzas e se encerra com a solenidade de Pentecostes. Esse processo é mais interessante porque põe a Páscoa no vértice do período que abrange, dando razão àquilo que dissemos no início: ela é a Mãe e a Cabeça de todas as festas cristãs.

Sendo a data da Páscoa acontecimento móvel (veja detalhes em *O que é Semana Santa*, Editora Santuário, Aparecida, página 16), também Cinzas, Ascensão e Pentecostes são datas móveis. Interessa-nos aqui falar brevemente da Ascensão e Pentecostes.

O Evangelho de João não narra explicitamente a Ascensão de Jesus, embora tenha assegurado várias vezes aos discípulos que ele voltaria para o Pai (veja adiante). E tem mais: Para o evangelista João, a vinda do Espírito Santo acontece no dia da Páscoa (veja João 20,19-23). A Liturgia, porém, segue o roteiro traçado por Lucas. De acordo com ele, Jesus subiu ao céu quarenta dias após ter ressuscitado dos mortos (veja Atos dos Apóstolos 1,3). No Brasil, celebra-se a Ascensão no sétimo domingo da Páscoa, com o objetivo de solenizar sua memória. Celebrada no domingo, a solenidade se situa sempre dentro da importante novena de Pentecostes.

A ASCENSÃO NA LITURGIA

A Liturgia da solenidade da Ascensão é rica em detalhes. Um aspecto importante e simpático é dado pela *Oração do dia*, que assegura: a Ascensão de Cristo já é nossa vitória. Por quê? Porque ele garantiu ser o Caminho que leva ao Pai. E prometeu voltar para buscar-nos. Se ele voltou para junto do Pai, nosso caminho está aberto e nossa meta é esclarecida. A *Oração do dia* afirma: "Ó Deus, todo-poderoso, a ascensão do vosso Filho já é nossa vitória. Fazei-nos exultar de alegria e fervorosa ação de graças, pois, membros do seu corpo, somos chamados na esperança a participar da sua glória..."

2. Seguindo Lucas

Ainda segundo Lucas, a vinda do Espírito Santo aconteceu cinquenta dias após a ressurreição de Jesus. Deixando de lado quem está com a razão – Lucas ou João –, fixemos a atenção na intenção de Lucas ao dizer que Pentecostes aconteceu – como a própria palavra significa – cinquenta dias depois da ressurreição do Senhor.

Lucas quer fazer coincidir o Pentecostes cristão com o Pentecostes judaico, celebrado cinquenta dias após a Páscoa judaica. O que era o Pentecostes judaico? A origem dessa festa se perde nas névoas do tempo. Provavelmente, no início era a festa celebrada na entrega do primeiro feixe de trigo ou cevada colhido.

No tempo de Jesus, o Pentecostes judaico celebrava o dia hipotético em que Deus entregou ao povo, por meio de Moisés, as tábuas da Lei. Era, portanto, a festa do *dom da Lei*. E assim fica aberto o caminho para entender por que Lucas fez coincidir no mesmo dia os dois Pentecostes. Para nós, cristãos, o grande dom que Deus nos concede se chama Espírito Santo, prometido também no Evangelho de João. Enquanto os judeus festejam a Lei, os cristãos festejam o maior presente que o Pai e Jesus nos deram: o Espírito Santo.

3. A ASCENSÃO EM JOÃO

Embora não narrada no Evangelho de João, a ida de Jesus ao Pai é mencionada várias vezes. Algumas citações confirmam isso:

> 15,28Vós ouvistes o que vos disse: vou e volto a vós. Se me amásseis, ficaríeis alegres por eu ir ao Pai... 16,5Agora, porém, vou para aquele que me enviou... 7é de vosso interesse que eu parta, pois, se não for, o Paráclito não virá a vós. Mas, se for, enviá-lo-ei a vós. 28Saí do Pai e vim ao mundo, de novo deixo o mundo e vou ao Pai.

As dúvidas se acumulam. Como, então, situar a Ascensão de Jesus em João, prometida e não mostrada? Por que o Evangelho de João tem outra perspectiva dos acontecimentos? Vamos tentar algumas respostas.

1. O dia da ressurreição é extremamente importante para o Evangelho de João. Isso já foi demonstrado em outro lugar (veja *O que é Semana Santa*, página 75 e seguintes, sobretudo páginas 80 a 84). Para o evangelista João, a partir da ressurreição estamos vivendo sempre o domingo. Todos os dias da nossa história são marcados pelo domingo em que a vida superou a morte. Por isso, esse Evangelho coloca a vinda do Espírito Santo no mesmo dia da ressurreição, e tudo o que vem antes ou depois acontece dentro desse domingo que poderíamos chamar de cósmico e eterno. A Ascensão de Jesus, mencionada e não narrada, está embutida nesse aspecto.

2. O evangelista João age dessa forma porque não quer deixar espaço de tempo entre a ação de Jesus e a ação do Espírito Santo nos cristãos. A passagem da primeira para a segunda é imediata – acontece no mesmo dia.

4. LUCAS E PENTECOSTES

Nosso calendário litúrgico segue Lucas, como já foi visto. E, em nosso país, a semana que antecede a solenidade de Pentecostes é consagrada à oração pela unidade dos cristãos, segundo o pedido de Jesus ao Pai: "Que todos sejam um". Tarefa árdua, pois em nome de Cristo é mais fácil para os cristãos brigar do que se entenderem, é mais simples e normal criticar-nos e rejeitar-nos do que compor a unidade.

Já vimos as intenções de Lucas ao fazer o Pentecostes cristão coincidir com o Pentecostes judaico. Agora vamos ver outros detalhes que enriquecem essa solenidade, coroamento do Ciclo da Páscoa.

1. Na narrativa do Pentecostes cristão, nota-se logo uma superação. Está em jogo o confronto Babel x Pentecostes. No episódio da torre de Babel (Gênesis 11,1-9), houve confusão e dispersão. As pessoas não se entenderam mais, houve grande confusão, criou-se a desunião, as pessoas se dispersaram. No Pentecostes cristão (Atos dos Apóstolos 2,1-13), acontece exatamente o contrário. Em Jerusalém, estão presentes representantes de todas as nações, e o que se vê é união. Todos se entendem, não se dispersam, cada um escuta na própria língua a proclamação das maravilhas de Deus.

2. No Pentecostes cristão, realiza-se o desejo de Moisés expresso em um episódio narrado em Números 11,24-29:

> [11,24]Moisés saiu e disse ao povo as palavras de Iahweh. Em seguida reuniu setenta anciãos dentre o povo e os colocou ao redor da Tenda. [25]Iahweh desceu na Nuvem. Falou-lhe e tomou do Espírito que repousava sobre ele e o colocou nos setenta anciãos. Quando o Espírito repousou sobre eles, profetizaram; porém nunca mais o fizeram. [26]Dois homens haviam permanecido no acampamento. Um deles se chamava Eldad e o outro Medad. O Espírito repousou sobre eles; ainda que não tivessem vindo à Tenda, estavam entre os inscritos. Puseram-se a profetizar no acampamento. [27]Um

jovem correu e foi anunciar a Moisés: "Eis que Eldad e Medad", disse ele, "estão profetizando no acampamento". ²⁸Josué, filho de Nun, que desde a sua juventude servia a Moisés, tomou a palavra e disse: "Moisés, meu senhor, proíbe-os!" ²⁹Respondeu-lhe Moisés: "Estás ciumento por minha causa? Oxalá todo o povo de Iahweh fosse profeta, dando-lhe Iahweh o seu Espírito!"

Esse desejo de Moisés se concretizou no Pentecostes cristão. De fato, no discurso de Pedro, que se segue após a vinda do Espírito Santo, cita-se uma passagem do profeta Joel (3,1-5). Nela, vislumbrava-se o dia em que todos (filhos, filhas, jovens, velhos, servos e servas) receberiam o Espírito de Deus.

5. Confirmação da Liturgia

Tudo aquilo que viemos examinando acerca desse tema é confirmado pela Liturgia da solenidade de Pentecostes. Na Missa, após o Glória, o presidente da celebração reza uma oração antigamente chamada Coleta (hoje denominada Oração do dia). Às vezes muito rebuscada, quase sempre esquecida, na solenidade de Pentecostes confirma tudo o que se disse até agora. Na Missa da vigília escutamos: "Deus eterno e todo-poderoso, quisestes que o mistério pascal se completasse durante cinquenta dias, até a vinda do Espírito Santo. Fazei que todas as nações dispersas pela terra, na diversidade de suas línguas, unam-se no louvor do vosso nome. Por nosso Senhor Jesus Cristo..."

E no Prefácio da Missa do dia o presidente da celebração reza: "Na verdade, é justo e necessário, é nosso dever e salvação dar-vos graças, sempre e em todo lugar, Senhor Pai santo, Deus eterno e todo-poderoso. Para levar à plenitude os mistérios pascais, derramastes hoje o Espírito Santo prometido, em favor de vossos filhos e filhas. Desde o nascimento da Igreja, é ele quem dá a todos os povos o conhecimento do verdadeiro Deus; e une, numa só fé, a diversidade das raças e línguas..."

Concluindo. Ascensão e Pentecostes são inseparáveis da Páscoa. Constituem seu ponto de chegada e coroamento. Quando, em Lucas 9,51, começa-se a narrar a "subida" de Jesus, não se trata de simples referência geográfica em relação a Jerusalém, que fica no alto da serra da Judeia. Essa subida vai mais longe e tem seu ponto de chegada no Pai. Portanto, Ascensão e Pentecostes celebram o coroamento do mistério pascal. Grande é esse mistério, e nós o celebramos na Eucaristia ao longo do Ano Litúrgico.

VIII
A PÁSCOA COMO RITO DE PASSAGEM

Nas suas origens mais remotas, a Páscoa é rito de passagem. Comprovam-no: os pastores que mudavam seus rebanhos para pastagens novas. E o calendário do hemisfério norte: aí Páscoa coincide com o início da primavera, quando tudo renasce cheio de vigor. Na Bíblia, temos a passagem do anjo exterminador, que fere os primogênitos egípcios e poupa os primogênitos hebreus, a passagem do mar Vermelho e a travessia do rio Jordão.

A morte como páscoa pessoal das pessoas também é rito de passagem. Os santos e os místicos, de modo geral, entenderam a morte como passagem para outra realidade. Diante da morte iminente, uma santa declarou: "Não morro, entro na vida".

Para aprofundar esse aspecto, vamos buscar informações na Segunda Carta de Paulo a Timóteo. Trata-se certamente do último texto do Apóstolo e tem o sabor de testamento espiritual. Paulo está diante da grande travessia à qual estamos todos sujeitos. Essa travessia pode ser a maior prova de maturidade humana e cristã, pois ninguém a faz por nós, ninguém vai junto para nos incentivar. Mergulhamos sozinhos no mistério do Eterno para que nossa frágil existência se eternize também. Mergulhamos sozinhos movidos pela fé que nos assegura não cairmos nas trevas, mas sermos revestidos da luz daquele que é a Luz.

Paulo está preparado para essa passagem. Afirma estar chegando inexoravelmente o momento de sua partida: terminou sua corrida, combateu o bom combate, conservou a fé. Com isso está pronto para entrar para a lista dos vitoriosos que recebem o prêmio. Ele emprega várias imagens para falar de sua passagem, mas uma chama atenção. "Chegou a hora da minha partida." A ideia que está por baixo dessa afirmação é o momento em que as velas do barco são soltas, permitindo a movimentação. Mas não se trata de partir em direção ao nada e ao vazio. Parte-se para ancorar em um porto seguro, e esse porto é o Senhor.

> Um contemplativo indiano não cristão (Rabindranat Tagore) serviu de inspiração; alguém que é por alguns chamado de "poeta" – eu – e a sensibilidade de quem tem

a música na alma – Irmã Míria T. Kolling – produziram o que se segue, intitulado "Doce desejo de Deus", em *Abre-te, ó Céu!*, Paulus.

1. Quando te agrada, quando é hora, meu Senhor,
colhe e transplanta em tua casa esta flor.
Oh, como é doce, quão suave é para mim,
ser transplantado pra viver em teu jardim!

Partir, voar, minh'alma anseia,
e pra teu abraço corre.
E quer morar dentro de ti,
o Deus vivente que não morre!

2. Qual bambu seco, pobre imagem do meu ser,
assim sou eu, já se desfaz minha energia.
Teu sopro santo sobre mim me faz viver
e me preenche com divina melodia.

3. Se à minha vida, pobre barco em que navego,
já não consigo dar um rumo, direção,
vem, me socorre, pois a ti o leme entrego
e me confio plenamente em tua mão.

4. Suave aroma o meu ser inebriou,
é força nova que me envolve e atrai.

Feliz me sinto no caminho em que vou:
estou voltando para a casa do meu Pai.

No poema sobressaem várias imagens da morte como rito de passagem; a flor tirada do canteiro desta terra para ser transplantada no jardim do Eterno, para o qual a alma anseia partir, voar, a fim de nele morar, eternizando-se. A imagem da vida terrena como bambu seco. Aparentemente sem serventia, nas mãos daquele que é eterna melodia, torna-se instrumento afinado que executa a partitura cósmica da vida, que não se acaba. A imagem do barqueiro que já não consegue orientar a própria existência (barco) e entrega a direção àquele que conduz barco e barqueiro às águas eternas. Finalmente a imagem do peregrino que tem meta fixa a ser alcançada: chegar à casa do Pai, de onde saiu.

IX
Tirando do baú coisas importantes

Já estão longe e se perdem nas penumbras os tempos em que costumávamos enviar (e receber) cartões por ocasião da festa da Páscoa. Não sei se é saudosismo, mas, ainda que seja, será bem-vindo se trouxer coisas boas. E parece que a parafernália das novas tecnologias e das mídias sociais com o frenesi dos ágeis dedos sobre um tecladinho exíguo não preenchem o buraco deixado pela ausência dos cartões de Páscoa. Eram coisas que guardávamos com carinho em uma caixa (de sapatos) e de vez em quando voltávamos a contemplar esses cartões, com carinho, lembrando-nos dos remetentes. Com essas novas tecnologias, tudo passa tão depressa, as palavras se perdem antes de serem degustadas. E a rápida passagem delas não condiz com a Páscoa, que também é passagem, aliás, a Passagem.

Lembro-me de dois cartões de Páscoa, cujas ilustrações se repetem com a presença ou ausência de algum pormenor. O primeiro mostra Jesus ressuscitado, um pouco elevado da terra, vestes brancas e resplandecentes, empunhando uma bandeira branca com cruz vermelha nela traçada fora a fora tanto em sentido vertical quanto horizontal. O mastro da bandeira ostentava no alto uma cruz. Havia outros detalhes, como os ramos de flores primaveris, os guardas do sepulcro atordoados e ofuscados pela luz que o Ressuscitado emanava, e outros pormenores, como o túmulo vazio abaixo dos pés de Jesus ou no fundo, além das cicatrizes no corpo do Senhor. Era uma verdadeira aula de catequese bíblica, da qual quero recordar alguns detalhes.

O corpo do Ressuscitado tenta traduzir e explicar o inexplicável. As vestes falam de sua realidade transfigurada, e o resplendor procura demonstrar a divindade do Senhor vencedor da morte. As vestes remetem ao episódio da Transfiguração, cujo evangelho se lê no segundo domingo da Quaresma. O Senhor está um pouco elevado do chão porque sua Páscoa não terminou. Em 9,51, o evangelista Lucas fala da *assunção* do Senhor. Trata-se da subida a Jerusalém, mas não se pode esquecer de que sua jornada termina com a solenidade da Ascensão. Os guardas atordoados e ofuscados pelo brilho do corpo ressuscitado recordam que diante do Senhor ressuscitado desaparecem toda mentira e forças negativas da morte. A bandeira branca (o branco é a cor do Ressuscitado) com a cruz vermelha (o sangue derramado), que ele empunha, recordam sua vitória e me fazem lembrar um hino tirado do capítulo 15 da Primeira Carta de Paulo aos Coríntios. O hino canta: "Ó morte, onde está tua vitória? Cristo ressurgiu, honra e glória!" É a bandeira do vitorioso sobre a morte, vitória que ilumina nossa jornada. A cruz no alto do mastro está vazia. Ele a carrega como troféu, não como sinal de condenação. Tenho vontade de citar o final do capítulo 31 de Jó, quando ele afirma querer carregar como diadema a sentença que lhe caberia...

Às vezes, os cartões eram emoldurados por ramos floridos. Esses cartões eram preparados na Europa, no hemisfério norte, e lá a Páscoa coincide com o início da primavera, quando a natureza explode em flores e cores, convidando-nos a renascer após os rigores da Quaresma (inverno). O túmulo vazio só faz sentido dentro desse quadro. Sem a presença do Ressuscitado, ele nada diz, não confirma nossa fé, mas, com Jesus vivo, ele é como o casulo abandonado pela jovem borboleta colorida. As marcas dos pregos (cicatrizes) no corpo do Senhor são características do evangelista João. Trata-se de cicatrizes, não de feridas. Nunca se deve esquecer daquilo que fizeram com ele, pois a maldade humana tortura, fere e mata inocentes. Mas as cicatrizes já não doem e podem ser mostradas como sinal de vitória do amor que me amou e se entregou por mim, como diz o apóstolo Paulo na Carta aos Gálatas.

O segundo cartão que me vem à memória se inspira no capítulo 5 do Apocalipse e ostenta um Cordeiro branco, de pé, porém com o talho da degola à mostra. Empunha uma bandeira branca com cruz vermelha, como o cartão anterior.

A bandeira com cruz vermelha ao fundo já foi explicada. Resta-nos ver o sentido geral dessa representação. É característica dos livros do Novo Testamento, ligados ao apóstolo e evangelista João, mostrar Jesus trazendo as marcas da crueldade cometida contra ele. Aqui se insere o sentido do corte no pescoço do Cordeiro. Jesus é o Cordeiro pascal imolado por nós. Mas o Apocalipse salienta que o Cordeiro está *de pé, como que imolado*. Não se pode separar estas duas realidades: o Ressuscitado e sua morte violenta. Ele está de pé (ressuscitado), porém traz a marca de sua morte (como que imolado). No capítulo 5 do Apocalipse é apresentado o livro lacrado com sete lacres, escrito por dentro e por fora. Mas ninguém consegue romper os lacres para que o livro seja lido. Esse livro é a história da humanidade, repleta de acontecimentos; ninguém é capaz de oferecer uma chave de leitura desses acontecimentos a não ser o Cordeiro, vencedor da morte. Antigamente se pensava que a história da humanidade fosse cíclica, ou seja, acreditava-se que os fatos iam se repetindo ao longo da história. Isso levava ao fatalismo: quem nasceu para sofrer irá sofrer sempre. O Apocalipse afirma que o Cordeiro *venceu*, e sua vitória sobre a morte é a nova chave de leitura da história: ela não é repetitiva, mas caminha para frente, leva-nos a caminhar para frente, em direção da vitória. A vitória do Cordeiro, portanto, abriu o caminho da vitória para todos os que creem na ressurreição. Graças à vitória do Cordeiro, nós podemos professar com alegria: "Creio... na ressurreição da carne".

X

ADOÇANDO A VIDA E FESTEJANDO

Páscoa sem chocolate não tem graça. Certo. Mas será que chocolate sem Páscoa perde a graça? Não sei. Só sei que do cacau produzido com a generosa colaboração da mãe Terra até o chocolate doce ou meio amargo, branco ou marrom, em nossa boca, na culinária, nas festas, há verdadeira transformação. Diríamos, exagerando, transfiguração. O chocolate é o cacau ressuscitado... Fato é que, terminadas as comilanças de Natal e fim de ano, o comércio pensa logo na possibilidade de faturar alto por ocasião da Páscoa. É justo e compreensível que por ocasião das festas pascais se pense também em chocolate, sobretudo para as crianças pobres ou que frequentam a catequese em nossas comunidades. Mas é triste quando a Páscoa é identificada com chocolate, simplesmente.

Doces não faltam na Bíblia, e não faltam citações que associam doçura (mel) à Palavra de Deus. Eis algumas:

"As decisões de Iahweh... são mais doces que o mel escorrendo dos favos" (Salmo 19,11).
"Quão doce é ao meu paladar a tua promessa, é mais doce que o mel em minha boca" (Salmo 119,103).
"Os sobreviventes saberão que nada é melhor do que o temor do Senhor e que nada é mais doce do que seguir os mandamentos do Senhor" (Eclesiástico 23,27).

Há pessoas doentes por chocolate. Costumam ser chamadas "chocólatras". Não gosta de chocolate? Então se delicie com a colomba pascal, recente candidata brigando por um lugar ao sol. Seu formato é desengonçado, mas é colomba (em italiano significa *pomba*). Ela pretende disputar as mesas da festa da Páscoa com veteranos símbolos pascais.

Figura polêmica, os pombos eram outrora simpáticos frequentadores de praças famosas em grandes cidades. Hoje, pombos são sinônimo de portadores de doenças. E a pombinha branca, sinônimo de paz...

Bem, voltemos à desengonçada colomba pascal e suas pretensões de pousar nas mesas das festas pascais. Sugere-se incorporá-la à catequese, "batizá-la", ou melhor, descobrir sua identidade. Em primeiro lugar, a pomba no episódio do dilúvio narrado na Bíblia traz um raminho de oliveira no bico, sinalizando que o dilúvio acabou. É mensageira de boas notícias. Tomara que ajude a combater as enchentes e evitar catástrofes ambientais. Sim, porque os modernos dilúvios acontecem em nossas metrópoles a cada ano. E os pobres, que não têm nada a ver com isso, obrigados a morar à beira de córregos poluídos, são sempre as maiores vítimas. A pomba do dilúvio nos ensina o amor ecológico, o respeito pela natureza, por este mundo, nossa casa comum.

POMBA NA BÍBLIA

A palavra "pomba" aparece 16 vezes na Bíblia. Além disso, o nome Jonas significa "pomba". Gênesis 8,8.9.10.11.12. Salmo 55,6. Cântico dos Cânticos 2,14; 5,2; 6,9. Isaías 38,16. Jeremias 48,28. Oseias 7,21. Mateus 3,13. Marcos 1,10. Lucas 3,22. João 1,32. Procure na Bíblia essas passagens.

Em segundo lugar, na Bíblia, a pomba é um dos símbolos menores do povo de Deus, Israel. Oxalá ajude a estabelecer a paz no Oriente Médio e em todo o mundo, paz na liberdade de suas asas e do seu voo.

Não pode faltar o mais importante: ela é símbolo do Espírito Santo, e a iconografia é generosa em representá-la descendo sobre Jesus por ocasião do seu batismo.

No masculino – pombo –, faz-me recordar o sacrifício dos pobres no tempo de Jesus. Também nesse caso merece respeito.

Símbolo veterano da Páscoa é o ovo. Às vezes execrado por seu colesterol, às vezes elogiado por seu valor nutritivo, lá está ele compondo o prato do pobre: arroz, feijão e "zoiudo". É a maior célula existente. Nós somos ovo (óvulo) desde o início, fecundado por um espermatozoide. É símbolo de vida. Com um pouco de imaginação, podemos considerar a Terra como um grande ovo. Esperamos que seja tratado com respeito, pois é vida, e Páscoa é vida.

É elemento da ceia pascal judaica. Um judeu explicou assim a presença do ovo cozido: ele representa a resistência do nosso povo. Quanto mais se cozinha o ovo, mais duro ele se torna. Ele é símbolo pascal antes que surgisse o chocolate, quando era consumido *in natura* pelos participantes do banquete pascal. Hoje não é possível imaginar a Páscoa sem a presença dele.

Outro veterano símbolo da Páscoa e associado ao chocolate é o coelho. Lembro-me da infância. Por ocasião da Páscoa fazíamos máscaras de orelhudos coelhos. Era uma forma de recordar a efeméride. Também ele tem significado simbólico. De famílias numerosas se diz que "parecem coelhos", porque a coelha, além de ter normalmente vários filhotes a cada cria, está sempre em condições de engravidar, disposta permanentemente a gerar vida. E Páscoa é vida. E, quando nos desejamos Feliz Páscoa, é tudo isso e muito mais que desejamos a quem amamos e com quem convivemos.

O coelho me recorda a família. Em nossos dias há casais que preferem "adotar" um cachorro a ter um filho. Recusar-se à paternidade e à maternidade não é coisa boa. E uma pergunta nos deixa inquietos: como é possível cometer tranquilamente um aborto e gritar contra tudo e contra todos porque um cãozinho foi abandonado na rua? Que hipocrisia é essa? Não há uma escala de valores a ser respeitada? Por que se obriga um animal a viver como ser humano evitando que um ser humano ocupe o lugar que lhe é devido?

XI
O Evangelho de João e a Eucaristia

O Evangelho de João, ao contrário dos outros, demorou séculos para ser aceito como texto inspirado. Escrito por volta do ano 100, passou mais de dois séculos de esquecimento ou de suspeita de não ser Palavra de Deus. E um dos motivos desse "retiro no deserto" foi certamente a ausência da instituição da Eucaristia. Como vimos, mas é bom repetir, o episódio do Lava-pés não corresponde à Santa Ceia de Jesus com seus discípulos, ocasião na qual ele mandou celebrar em sua memória aquele momento fundamental na vida dos seus seguidores.

Se isso estiver certo, podemos então nos pergunta por que nas comunidades ligadas ao apóstolo e evangelista João não se encontra a instituição da Eucaristia. E, se pudéssemos dirigir essa pergunta a um dos membros das comunidades joaninas, provavelmente receberíamos esta resposta ou algo semelhante: "Nossa união com Jesus é tão estreita e forte, é verdadeira união de amor, a ponto de não precisarmos de um elemento externo para dizer que Jesus nos ama e nós o amamos igualmente". As comunidades ligadas a João eram extremamente corajosas.

Mas a falta daquele texto inquietava as outras comunidades que usavam os outros evangelhos. E, buscando a união na fraternidade, as comunidades joaninas tiveram de ceder. Mas cederam de modo inteligente, acrescentando ao Evangelho de João ainda em formação (durou mais de cinquenta anos para ser formado) algo que fez referência à Eucaristia.

Sabe-se que, bem cedo, a Eucaristia sofreu relaxo por parte das primeiras comunidades cristãs. Prova disso é o capítulo 11 da Primeira Carta aos Coríntios, texto escrito no começo da década de 50 – portanto, antes que surgissem os evangelhos.

As comunidades joaninas aceitaram introduzir no Evangelho de João algumas mudanças. E o fizeram não para agradar aos outros, mas para mostrar aquilo que a Eucaristia é realmente. Foi assim que surgiu o longo discurso de Jesus sobre o pão da vida (capítulo 6 de João). Aí Jesus fala em comer a carne e beber o sangue dele. E por trás disso se esconde aquilo que as comunidades joaninas pensavam da Eucaristia. Vale a pena ler com atenção esse capítulo sempre com o cuidado de estar lendo um texto eucarístico.

Carne e sangue, na mentalidade judaica, representam toda a pessoa, ou seja, a pessoa inteira. Comer a carne e beber o sangue de Jesus (isto é, celebrar a Eucaristia) é tomá-lo em sua totalidade, não parcialmente, não naquilo que pode ser vantajoso para mim; tomá-lo integralmente. A Eucaristia, então, torna-se coisa séria, muito séria. Quem comunga se torna embaixador de Cristo, alguém que empresta a Cristo o próprio corpo, palavras e atos, para que o Senhor faça, por meio dessa pessoa, aquilo que ele deseja.

E tem mais. Todo alimento que comemos é assimilado pelo nosso organismo, torna-se nossa carne, nosso sangue, nossas energias, nossa fala, a força de nossas pernas... Somos movidos pela Eucaristia. Ela é nosso combustível. Receber a Eucaristia sem assimilá-la é abortá-la em nosso corpo. A palavra "assimilar" significa "tornar-se semelhante". Quem comunga se torna semelhante a Cristo, e isso é tremendamente sério e comprometedor. Será que os cristãos que se aproximam da Eucaristia entenderam isso? Não estaríamos fazendo dela mero ato de piedade, uma devoção a mais?

Aí está, em poucas palavras, aquilo que as comunidades joaninas trouxeram como contribuição para a vivência eucarística. As outras comunidades acusavam no Evangelho de João a ausência de um texto; o Evangelho de João acusa a ausência do sentido da Eucaristia, da essência da Eucaristia. Somos para sempre gratos às comunidades joaninas, que não se contentaram com a presença de um texto, mas nos transmitiram a essência do texto.

Será que as comunidades ligadas ao evangelista João tiveram de abrir mão do princípio que as caracterizava: "Nossa união com Jesus é tão estreita e forte, é verdadeira união de amor, a ponto de não precisarmos de um elemento externo para dizer que Jesus nos ama e nós o amamos igualmente"? A Primeira Carta de João deixa entrever que nessas comunidades se introduziu um vírus perigoso. Era uma forma de viver que dizia mais ou menos assim: "Eu amo a Deus, e não preciso amar as pessoas". Esse vírus contaminou muita gente. Porém, tanto a Carta quanto o Evangelho de João mantiveram firme a convicção de que o amor a Deus passa pelo amor ao próximo. A carta chama de mentirosa a pessoa que separa as duas coisas, como se fossem realidades separadas, linhas paralelas que nunca se encontram. E o Evangelho de João traz, nesse sentido, duas coisas importantes:

1. Uma declaração de Jesus: "Ninguém tem maior amor do que aquele que dá a vida pelos amigos". Portanto, "dar a vida" é o termômetro do amor. E o que celebramos na Eucaristia a não ser Jesus dando a vida por nós, e nós tentando dar a vida pelos irmãos?

2. O Lava-pés – que não é gesto de humildade, mas de serviço – é o termômetro do nosso amor. Nesse episódio, Jesus se despoja (tira o manto) e veste a toalha, roupa do servidor (o avental). A capacidade ou não de amar dá o grau do nosso amor a Deus, que passa pelo serviço incondicional ao irmão. E a Eucaristia: será que foge a essas regras? Não é acaso o grande serviço que prestamos uns aos outros? O Evangelho de João não tem a instituição da Eucaristia. Mas com o Lava-pés explica e aplica para nós o significado dela.

Conclusão

Chegamos ao final daquilo que nos propusemos e nos foi solicitado. Como dissemos na Introdução, várias são as modalidades de abordar um assunto, ainda mais quando se trata de falar da festa por excelência, a Páscoa cristã, de Cristo e nossa. Confiamos e esperamos que o esforço tenha sido válido e os leitores aproveitem ao máximo o conteúdo deste livrinho, apropriando-se dele e crescendo no conhecimento e na vivência da Páscoa cristã.

Sempre é tempo de crescer e sempre aparecem oportunidades para isso. Este livrinho é prova viva disso. Quando estava chegando ao final deste trabalho, misteriosamente tudo aquilo que escrevi desapareceu do computador, e não houve quem conseguisse recuperar o texto perdido. Perdeu-se e está perdido. Longe de desanimar, refiz o trabalho, na convicção de que aquela perda era ocasião para aperfeiçoar o tema. E de fato foi assim. Este trabalho teve sua páscoa, e aquilo que agora está impresso em papel supera em qualidade o texto perdido. Há perdas que são ganhos. E sem morte não há ressurreição. Como disse o apóstolo Paulo: "Aquilo que eu considerava ganho, agora considero como perda" (cf. Filipenses 3,7-8), e ainda: "O que os olhos não viram, os ouvidos não ouviram e o coração do homem não percebeu tudo o que Deus preparou para os que o amam" (1 Coríntios 2,9).

FSC
www.fsc.org
MISTO
Papel produzido a partir de fontes responsáveis
FSC® C132240

A marca FSC® é a garantia de que a madeira utilizada na fabricação do papel deste livro provém de florestas que foram gerenciadas de maneira ambientalmente correta, socialmente justa e economicamente viável.

Este livro foi composto com as famílias tipográficas Cinzel e Adobe Caslon Pro e impresso em papel Offset 63g/m² pela **Gráfica Santuário**.